10년 공공임대주택과 분양가 상한제

10년 공공임대주택과 분양가 상한제

초판 1쇄 인쇄   2021년 4월 5일
초판 1쇄 발행   2021년 4월 10일

지은이   이영근
펴낸이   김찬훈
펴낸곳   나라아이넷

등록일   1999년 1월 5일
등록번호   제 2017-000025호

주소   31036 대전광역시 유성구 테크노10로 33 나라지식센터
전화   (042)936-8620 | 팩스   (042)671-3334
홈페이지   www.narainet.co.kr

ISBN   979-11-88797-07-3   03300

* 책값은 뒤표지에 있습니다.

* 잘못 만들어진 책은 바꾸어 드립니다.
* 이 책 내용의 전부 또는 일부를 재사용하려면 반드시 저작권자와 나라아이넷(주) 양측의 서면에 의한 동의를 받아야 합니다.
* 본 책의 무단전재 복제행위는 저작권법 136조 1항에 의거, 5년 이하의 징역 또는 5,000만 원 이하의 벌금에 처하거나 이를 병과할 수 있습니다.

10년 공공임대주택과 분양가 상한제

변호사 이영근 지음

■ 들어가며

이 책은 판교 지역 공공임대주택 분양전환과 관련하여 임차인들의 소송대리를 하면서 펼쳐 온 주장들을 주로 엮은 것입니다. 요지를 우선 밝히자면 2006년경 판교에서 공급된 임대의무기간 10년인 공공건설임대주택은 당시 주택법 및 임대주택법상 분양가격 규제를 받은 분양가 상한제 적용주택이라는 것입니다.

저는 이 책을 통해 제가 소송으로 주장해 온 일관된 주장이 법리적으로도 온당할 뿐만 아니라(법리가 많이 포함되다 보니 내용이 어려울 수는 있습니다) 우리 사회 공동체의 건전한 상식과 정의관념에도 역시 부합한다는 점을 밝히려고 합니다.

하지만 이 책을 쓰는 더 큰 목적은 판교 공공임대주택 분양전환과 관련한 일단의 분쟁을 널리 이웃 시민들에게 알리고자 함입니다. 이 분쟁은 단순히 일부 임차인들만의 이해관계에 관한 사항이거나 단순히 판결로 정리되면 그만인 국지적·한시적·법리적 문제만은 아닙니다. 많은 분들이 알아야 할 그리고 후배에게 공유해야 할 우리 공동체의 경험입니다. 이 시대에 만연한 고질적인 부동산 병폐를 함께 겪고 있는 이웃들에게 알려야 할 소중한 이야기이고, 특히 우리 후

배들에게 건네 줘야 할 우리 세대의 생생하고 귀중한 역사입니다.

그러니 제가 간절히 바라는 것은 우리 이웃들의 관심입니다. 누구의 말이 옳은가, 어떤 법리가 맞는가는 그다지 중요하지 않습니다. 이 책을 읽으시면서 천천히, 그리고 다 읽은 후에 곰곰이 고민해 보시기를 당부합니다. 필자의 주장에 심각한 오류가 있을 것이고, 선입견이나 편견으로 인한 왜곡도 있을 것입니다. 그러나 왜 이런 일이 벌어졌고 필자가 왜 이런 생각을 하는가 정도의 관심만 가져 주시면 더할 나위 없이 행복할 것입니다. 임차인들에게 고통스러운 이 분쟁이 단지 내 일이 아니라는 이유로 '다음에 생각해 보자'며 넘기시지만 않으신다면 말입니다.

대한민국의 저력은 옳고 그름에 밝아 깨어 있는 시민의 통찰력에서 나왔습니다. 촛불 시위를 통해서, 그리고 그 이후에도 더욱 명확하게 드러나고 있습니다. 넘치는 싸구려 미디어와 극단적인 정치세력들은 끊임없이 시민의 각성과 통찰을 가로막고 있습니다. 이 분쟁 또한 마찬가지입니다. 이 문제를 일으킨 원인이 무엇이고 다음에 혹시 그 원인이 또 다른 문제를 일으키지는 않을지에 대해서 임차인뿐만 아니라 이웃들 또한 최소한의 관심은 가질 필요가 있습니다. 이 분쟁을 일으킨 바로 그 원인(힘)은, 눈을 감고 넋을 잃은 채 마냥 잠자코 있는 대중에게 향후 또 다른 고통을 안겨 줄 것이 분명합니다.

그러나 이러한 저의 조급함과 불찰로 인해 사실과 다른 내용을 전달하거나 오해를 불러일으킬 수 있는 표현이 포함될 수도 있습니다. 독자께서는 혹여 사실과 일부라도 다른 부분이나 오해가 될 만한 표현이 있다면 기탄없이 지적해 주시기를 진심으로 부탁드립니다. 가능하면 저희 법률사무소 홈페이지에 게재하겠습니다.

판교 공공임대주택 분양전환과 관련하여 제가 첫 소장을 접수한 지 1년이 훨씬 더 넘었습니다. 그 동안 집행정지 결정은 4건 받았지만 아직 첫 판결은 나오지 않고 있습니다. 어떤 첫 판결이 나올 것인지, 그 판결을 세상이 어떻게 받아들일 것인지 매우 기대가 되기도 하고 다른 한편으로 많이 걱정되기도 합니다. 첫 판결에 앞서 책을 내는 것도 많이 송구스럽고 부담스러운 일이기도 합니다. 하지만 시간이 훨씬 지난 후에도 이 책은 '지나간 분쟁에 대한 낡은 기억'만은 아닐 것이라고 생각합니다. 부디 밝은 마음을 비추어 주시기를 당부 드립니다. 항상 지도편달해 주시는 홍익대학교 법과대학 사동천 교수님, 어려운 정치환경에서도 굳은 소신으로 임차인들의 이야기를 경청해 주시는 김찬훈 대표님, 격려와 질책 아끼지 않으시는 모든 임차인 분들께 감사드립니다.

살아 있는 모든 것은 다 행복하라!(숫타니파타)

2021. 1. 이영근 드림

■ 차례   10년 공공임대주택과 분양가 상한제

- 들어가며 / 이영근   004

1. 들어가며

가. 책 읽는 방법 안내   014

나. 요약   015

2. 먼저 알아 둘 내용

가. 10년 공공건설임대주택과 분양가 상한제의 역사   022

나. 분양과 분양전환   039

3. 주택공급계약의 해석과 분양전환

가. 입주자모집공고 및 주택공급계약서 내용   050

나. 당첨자로서 주택 공급   052

다. 분양계약의 성립   054

라. 분양계약이 아니라면 최소한 분양예약이 성립   060

4. 분양전환의 법률관계에 적용되는 법령

가. 분양전환의 법률관계는 사법관계인가, 공법관계인가　066

나. 사법관계에 적용되는 법령의 기준시　069

다. 분양예약 후 분양전환하는 경우의 적용법령　070

라. 대법원 2009다97079 판결에 대하여　072

마. 분양계약 성립시기에 관한 몰이해의 유래　077

5. 주거 기본권과 우선분양전환제도의 입법목적

가. 주거 기본권과 임대주택법의 관계　080

나. 임대주택법의 입법목적　081

다. 임대주택법상 우선분양전환청구권의 입법취지　072

6. 임차인은 무슨 근거로 분양전환청구권을 행사할 수 있나

가. 최초 주택공급계약 vs 법률 규정　086

나. 분양전환의 본질　088

다. 분양전환의 법적 성격　089

라. 각각의 대법원 판결례　090

7. 분양전환가격은 어떻게 결정되나

가. 임대주택과 분양주택의 성격을 동시에 가진 주택　092

나. 분양주택으로서 구 주택법 제38조의2 분양가격 규제가 적용　094

다. 구 임대주택법에 특별규정이 존재하는지   096

라. 임대주택법 시행규칙 별표 1의 '감정평가금액을 초과할 수 없다'는 규정(상한규정)이 구 주택법 제38조의2의 특별규정이 될 수 없는 이유   098

8. 분양가 상한제 적용의 다른 근거들

가. 분양주택만 주택공급규칙의 재당첨제한을 받는다.   106

나. 분양가 상한제 적용주택이 아니었다면 임차인들은 주택공급계약을 체결할 이유가 없었다.   106

다. 건설교통부고시「임대주택의 표준임대보증금 및 표준임대료」   109

라. 대한주택공사의 2008. 12. 30.자 분양규정   111

마. 성남시장이 입주자모집공고안 승인시 분양가 상한제 적용을 명시했다.   112

바. A건설사가 입주자모집공고안 승인신청시에 성남시장에게 분양가격을 제출했다.   113

사. 민간 임대사업자들은 성남시장으로부터 승인 받은 입주자모집공고안 중「분양가 상한제 아파트」관련 내용만 삭제하고 모집공고를 했다.   114

아. 승인된 입주자모집공고와 실제 공고한 내용이 다를 경우의 형법적 취급   118

자. 승인된 입주자모집공고와 실제 공고한 내용이 다를 경우의 사법적 취급   119

차. 임대주택의 택지비를 40%까지 할인한 것은 국민에게 저렴한 중소형 임대주택을 공급하기 위한 취지이다.   123

카. 성남시장이 2008. 7. 9. 경기도지사에게 보낸 공문에서 분양가 상한제 적용 주택임을 재확인했다.   125

타. 같은 해 인근 판교 지역 공공임대주택 모집공고시 분양가 상한제가 적용됨을 명시한 사례   125

파. 기업회계기준 등에 관한 해석【56-90】   126

하. 임대사업자는 감정평가금액이 정해지기 전에 '분양전환가격산출근거서류'를 성남시장에게 제출해야 한다.   128

거. 약관의 규제에 관한 법률 제6조가 적용된다.   129

너. 언론은 분양가 상한제가 적용된다고 했다.   132

더. 정부도 분양가 상한제가 적용된다고 했다.   133

러. 표준건축비는 분양전환가격의 산정기준이었다.   135

머. 과거 분양전환가격이 건설원가보다 낮게 결정되었음을 인정했다.   136

버. 최초 입주시 발코니 확장형 공사계약 및 플러스 옵션에 대한 대금을 지급했다.   138

서. 임차인들은 주택 소유자에게 부과되는 재산세, 지방교육세, 도시계획세 및 공동시설세 항목을 임대료에 포함하여 납부했다.   138

어. 정책입안자인 김수현 전 청와대 정책실장 또한 임대주택이 아님을 인정했다.   139

9. 임대주택 분양전환을 바라보는 상식과 정의

가. 무주택자의 내집마련 기회를 목적으로 공급한 주택   142

나. 임대사업자는 자기자금 투자 없이 임대주택을 공급   144

다. 선량한 풍속 기타 사회질서의 관점   146

라. 2006년초 분양가 상한제를 둘러싼 이해관계의 충돌   151

10. 분쟁의 원인과 대책

가. 건설사의 과도한 이윤추구와 언론의 잘못   156

나. 부실한 입법과 입법형성과정상의 문제   161

다. 충실한 법적 해석과 평가의 미비   164

라. 재판을 통한 분쟁해결의 가능성   165

11. 마치며

가. 누가 시세차익을 얻는가의 문제가 아니다. 누구에게 귀속되어야 할 재산인가의 문제이다.   170

나. 언론은 사회적 책임을 다해야 한다.   174

다. 주택공사를 신설하고 한국토지주택공사와 경쟁하도록 하는 방안을 제시한다.   176

- 미주   179

들어가며

가. 책 읽는 방법 안내

먼저 아래 '요약'을 먼저 읽어 보시기 바랍니다.

① 요약 내용이 대체로 잘 이해되지 않으시면 순서대로 읽어 보시면 좋겠습니다. 다만 4항과 5항 부분이 어렵게 느껴지면 처음엔 그냥 건너 뛰셔도 되고, 6항은 가볍게 넘어가면서 읽어 보셔도 될 것 같습니다.

② 요약 내용을 '논리적으로' 또는 '법리적으로'는 대체로 이해하지만, 결론이 타당한지 의문이시면, 7항과 8항 부분을 먼저 읽어 보시고 남는 의문점에 대해 해당 부분을 읽어 보시는 것도 시간을 절약하는 방법일 수 있습니다.

③ 요약 내용이 대체로 이해되시면, 의문점이 있는 부분만 따로 읽으시면 됩니다(아마도 기본적인 법 소양도 있으시고 공공임대주택에 대한 사전 지식도 있는 분이 여기 해당되실 것입니다).

나. 요약

(1) 분양주택이다.

2006년경부터 임대의무기간 10년인 공공건설임대주택이 공급되기 시작했습니다. 이 주택은 공공임대주택이면서 동시에 처음부터 공공분양주택이었습니다. 어떤 이는 구 임대주택법에 '임대의무기간이 경과된 후에 분양전환된다'는 식으로 규정된 것을 보고 순수한 임대주택일 뿐 (분양전환되기 전까지는) 분양주택이 아니라고 오해합니다. 그러나 이것은 잘못된 생각입니다. 분양주택이라고 볼 근거는 많습니다.

우선 위 주택은 '당첨자'들에게 우선 공급되었는데, 주택공급규칙상 '당첨'은 분양주택에 쓰는 용어입니다. 또한 위 주택 당첨자들은 '분양가 상한제 적용주택에 당첨된 자'가 되어 재당첨 규제를 받았습니다(구 주택공급규칙 제23조 제1항). 당첨자 결정 자체가 '분양예약'의 성격을 가지고 있었으므로(대법원 2006. 6. 29. 선고 2005다41603 판결 참조), 당첨자는 주택공급계약서를 작성한 후에 다시 '분양전환계약서' 따위를 작성할 필요가 없었습니다(구 주택공급규칙 제27조 제1항, 제5항 참조). 분양(매매)계약은 '당사자가 어떤 목적물을 얼마에 매매한다'는 취지의 합의만 있으면 성립하는 계약인데(대법원 1978. 6. 27. 선고 78다551등 판결, 대법원 1986. 2. 11. 선고 84다카2454 판결 등 참조), 임대사업자가 제시한 최초 주택공급계약서(임대사업자들은 여기에 '임대차계약서'라고 제목을 붙였다)에는 당사자, 목적물, 매매시기 및 매매가격까지 특정되어 있으므로 분양계약 또는 적어도 분양'예약'(장래 분양계약으로 전환되거나 분양계약을 체결하기로 한다는 약정)이 성립된 것은 확실합니다.

이 주택 유형에 대한 대표적인 판례인 대법원 2012. 7. 12. 선고 2010다36261 판결(대법원은 '특별법인 구 임대주택법령에 분양전환가격에 관하여 상세한 규정이 있다는 이유로 일반법인 구 주택법 제38조의2에 정한 분양가 상한제가 적용되지 않는다'고 판시하였으므로 적어도 '분양주택'인 점은 인정한 것이다)과 대법원 2006. 8. 25. 선고 2006다14103 판결('최초 임대차계약(주택공급계약)에서 약정한 매각시기 도래시 임차인에게 해당 임대주택을 매각할 의무가 있다'고 판시하였으므로 적어도 해당 임대차계약이 '분양예약'의 성격을 가지고 있음은 인정한 것이다)도 위 주택을 '분양주택'으로 인정하는 취지로 해석됩니다.

(2) **최초 주택공급계약서 체결 당시 법령이 적용된다.**

어떤 이는 '임대사업자가 분양전환 시점의 법령이 정한 범위 내에서 분양전환가격을 결정하여 분양전환하면 되는 것 아닌가'라고 생각합니다. 그러나 이것은 대법원 2011. 4. 21. 선고 2009다97079 판결을 오해한 것입니다. 임차인들이 최초 주택공급계약서에서 약정한 분양예약(또는 분양계약)에 근거하여 분양전환을 하는 이상, 분양전환의 법률관계에 대해서도 예약 체결 당시의 법률이 적용되는 것은 물론입니다(대법원 2002. 11. 22. 선고 2001다35785 판결). 다만 임대주택법령 개정으로 강행규정(그 규정을 위반한 계약의 효력이 무효가 되는 규정을 강행규정 또는 효력규정이라고 하고, 그렇지 않은 규정을 단속규정이라 한다)이 도입된 경우에는, 위 강행규정 적용 여부에 따라 이미 성립한 예약완결권 행사가 (일부 또는 전부) 이행불능이 될 가능성이 있을 뿐입니다(대법원 2000. 10. 13. 선고 99다18725 판결).

(3) 분양전환가격은 특별법인 구 임대주택법 시행규칙 [별표 1]의 '최초 입주자모집 당시의 주택가격'과 '분양전환 당시의 감정평가금액을 초과할 수 없다'는 규정이 함께 적용되어 결정됩니다.

이 주택은 분양주택이므로 구 주택법 제38조의2 분양가 상한제(원가연동제) 적용 주택가격이 분양전환가격이 됩니다. 다만 구 임대주택법 시행규칙 [별표 1]의 '최초 입주자모집 당시의 주택가격' 규정(이것도 일종의 '원가연동제'입니다)이 위 주택법 규정의 특별규정으로 해석되므로, 위 특별규정이 우선 적용되어 '최초 입주자모집 당시의 주택가격'이 원칙적인 분양전환가격이 됩니다. 다만 위 [별표 1] 1.의 가.항이 아울러 적용됨에 따라, 위 분양전환가격은 '분양전환 당시의 감정평가금액을 초과할 수 없다'(이하 '상한규정'이라고 약칭)는 제한을 추가로 받게 됩니다.

(4) 대법원 2010다36261 판결 해석의 부당성

대법원 2010다36261 판결은 위 임대주택에는 위 상한규정만 적용되고 다른 일체의 규정은 적용되지 않는다고 해석한 것 같습니다. 그러나 이것은 잘못입니다.

① 우선 위 상한규정 적용에 따른 가격(감정평가금액=시가)이 구 주택법 제38조의2에 따른 분양가격보다 통상적으로 더 높기 때문에, 위 상한규정을 후자의 특별규정으로 해석하여 후자의 적용을 배제하는 것은 위 임대주택의 수분양자를 일반 공공분양주택의 수분양자와 비교하여 볼 때 합리적인 이유 없이 현저하게 차별하는 것이 되어 헌법상 평등권을 침해하는 위헌적인 해석입니다.

② 임대주택법 제3조 및 주택법 제6조가 임대주택법을 주택법에 우선하여 적용하도록 한 것은 일반 공공분양주택의 수분양자에 비해 경제적으로 약자인 계층의 주거생활의 안정을 더욱 강하게 보호하기 위한 취지로 이해함이 마땅한데(헌재 2015. 11. 26. 2014헌바416 결정 참조), 위 해석은 그 취지에 완전히 역행합니다. 이는 구 주택법 제1조와 구 임대주택법 제1조를 비교해 봐도 알 수 있습니다. 위 주택법 제1조는 ⓐ 국민의 주거안정 외에도 ⓑ 주거수준의 향상에 이바지함까지 목적으로 하고 있는데 반해, 임대주택법 제1조는 ⓐ 국민 주거생활의 안정만을 도모함을 주된 목적으로 하고 있기 때문입니다.

③ 임대주택법이 주택법의 특별법이라고 하더라도 임대주택법(특별법)이 규율하지 않는 사항 중에서 임대주택에 적용될 수 있는 성격의 규정이 주택법이 존재한다면, 일반법인 주택법은 특별규정인 임

대주택법에 모순되지 않는 범위 내에서 주거 안정이라는 두 법률 모두의 입법목적 달성을 위하여 여전히 적용될 수 있습니다. 그런데 구 주택법 제38조의2와 위 상한규정은 논리적으로 동시에 적용가능하고, 양 규정을 함께 적용하는 것이 두 법률 모두의 입법목적 달성을 위하여 보다 적절하므로(양 규정을 함께 적용하는 것이 임대주택 분양전환가격을 보다 더 낮출 수 있고 결국 상대적으로 더 약자 계층의 주거생활의 안정을 더욱 강하게 보호하기 위한 임대주택법 제3조 및 주택법 제6조의 취지에도 부합하고, 주택법 및 임대주택법의 공통의 입법목적인 '국민의 주거안정'을 보다 더 원활하게 달성할 수도 있기 때문이다) 전자는 임대주택법령 규율하지 않는 사항 중에서 해당 임대주택에 적용될 수 있는 성격의 일반규정에 해당됩니다.

④ 임대사업자 측은 위 상한규정을 근거로 '임대사업자가 감정평가금액을 초과하지 않는 범위 내에서 분양전환가격을 자유롭게 결정할 수 있다'는 취지로 해석합니다. 그러나 공공임대주택은 사업주체가 정한 분양전환가격으로 공급되는 것이어서 공급 받는 자의 의사가 반영될 가능성이 없는 점, 감정평가금액은 시가를 반영하는 점(시가보다 명백히 낮은 수준에서 결정된 감정평가는 감정평가 및 감정평가사에 관한 법률 제3조 제1항, 감정평가에 관한 규칙 제5조의 시장가치기준 원칙에 위반하여 위법하다), 시세 이상으로는 그 누구도 분양전환을 받지 않으려고 할 것인 점 등을 고려해 볼 때, 현실에서 위 규정을 위반하는 경우는 상상할 수조차 없습니다. 즉 이것은 법령 규정의 법적 효력을 오히려 완전히 부인하는 자기모순적인 해석입니다. 또한 위 해석은 주택의 공공성·공익성을 완전히 포기하여 '국민주거생활의 안정 도모'라는 주

택법 및 임대주택법 제1조의 입법취지를 몰각하고, 구 임대주택법 제21조 제10항, 제4항의 위임취지('대통령령에 시세보다 저렴하도록 분양전환 가격을 정하도록 위임: 헌재 2015. 11. 26. 2014헌바416 결정 참조)를 위반하며, 위 임대주택법이 국민의 주거에 관한 기본권을 보호하기 위하여 제정되었다는 점에서 볼 때 헌법에 의해 보장되는 위 주거 기본권 및 인간다운 생활을 할 권리 역시 침해하는 위헌적 해석입니다.

먼저
알아 둘 내용

가. 10년 공공건설임대주택과 분양가 상한제의 역사

⑴ 10년 공공건설임대주택의 도입 경위

2006. 3.경 판교에서 임대의무기간이 10년인 공공건설임대주택이 처음으로 공급되었다.

위 공급 당시 시행되던 임대주택법은 이제는 폐지되고 없는데, 이 임대주택법 또한 과거 임대주택건설촉진법이 전면 개정되어 도입된 것이다.

임대주택건설촉진법은 1984. 12. 31. 제정되어 1985. 1. 31. 시행된 법인데 이 법 제10조[1] 제1항은 '임대주택은 대통령령으로 정하는 기간이 경과하지 아니하면 이를 분양할 수 없다'고 규정했고 같은법 시행령 제6조[2] 제1항에서 임대주택의 분양제한기간을 원칙적으로 5년으로 하되 다만 건설부장관이 필요하다고 인정하는 경우에는 국가 지방자치단체 또는 대한주택공사가 건설하는 임대주택에 대하여는 5년을 초과하여 분양제한기간을 정할 수 있다고 규정했다.

당시 '분양제한기간'을 둔 것은 임대주택으로 공급했다가 짧은 기간 내(5년 이내)에 분양을 할 경우 임대주택으로서 기능을 다할 수 없다고 판단했기 때문으로 보인다. 당시 공급했던 임대주택은 순수히 '임대'를 목적으로 공급한 주택이었기 때문이다.

이에 반해 최근에 공급하는 임대주택 중에는 일정 기간이 경과하면 일정한 가격으로 분양전환하기로 확정한 상태에서 공급하는 임대주택도 있다. 이러한 임대주택은 순수히 임대를 목적으로 공급한 주택이 아니고 분양과 임대 둘 다를 목적으로 하여 공급하는 주택이다. 이러한 임대주택은 2006년초까지 공급한 임대의무기간이 5년인 공공건설임대주택과 2006년 3월부터 공급한 임대의무기간이 10년인 공공건설임대주택 두 가지가 있다. 흔히들 '5년 공공건설임대주택' 또는 '10년 공공건설임대주택'이라고 한다(공공건설임대주택'이라고 하지 않고 짧게 '공공임대주택'이라고 간략히 부르는 것이 일반적이다). 필자는 이것을 '임대부 분양주택'이라고도 부른다. 너무나도 많은 사람들이 단순한 '임대주택'으로 폄하하므로 부득이 '임대가 부가(附加)된 분양주택'이라는 의미로 그와 같이 칭하는 것이다.

한편 1984. 12. 31. 제정된 임대주택건설촉진법은 1993. 12.

27. 임대주택법으로 전부개정되었다.[3]

이 임대주택법 제12조[4]는 '임대주택은 대통령령이 정하는 기간이 경과하지 아니하면 이를 매각할 수 없다. 다만, 임대사업자간의 매매 등 대통령령이 정하는 경우에는 그러하지 아니하다.'라고 규정했고 같은법 시행령 제9조 제1항 제2호[5]는 국민임대주택[6]과 영구임대주택은 임대개시일로부터 50년, 사원임대주택 즉 공공건설임대주택중 국민주택기금에 의한 자금을 지원받아 주택이 없는 근로자를 위하여 건설하는 임대주택은 당해 임대주택의 임대개시일부터 10년, 그밖의 공공건설임대주택과 민간건설임대주택은 5년, 매입임대주택은 3년 동안 매각할 수 없다고 규정했다.

그로부터 약 2년 후인 1996. 1. 9. 임대주택법 시행규칙(무슨 의미인지 아래에서 설명함)이 개정되면서 앞서 임대의무기간이 5년으로 규정되어 있던 그밖의 공공건설임대주택과 민간건설임대주택에 대한 매각가격등을 입주자모집공고에 미리 공고해야 한다는 규정이 도입되었다. 즉 법 시행규칙 제2조의2[7] 제1항은 임대기간이 5년인 위 임대주택의 입주자모집공고를 할 때에는 '입주자모집공고 당시의 주택가격', '임대의무기간 및 매각시기', '매각가격의 산정기준'등을 입주자모집공고에 포함하도록 규정했다. 실질적인 임대부 분양주택에 관한 규정이 도입된 것이다. 즉 5년(10년) 공공임대주택은 분양과 임대 둘 다를 목적으로 하여 공급하는 주택이므로, 공급의 경우 공급 당시부터 '입주자모집공고 당시의 주택가격' 등을 미리 정해서 공고하는 것은 당연하다. 처음부터 그리고 위 규정은 이후에 도입된 임대의무기간이 10년인 공공임대주택에도 동일하게 적용되었다.

참고로 국회가 법률(예컨대 '임대주택법')을 제정할 때 모든 세부적인 사항을 미리 일률적으로 정할 수도 없고(법을 어떻게 집행할지는 국가기능을 전문적으로 수행하는 행정부에게 맡길 필요가 있다) 설령 그렇게 정할 수 있다고 하더라도 시의적절한 개정이 필요할 때 신속하게 대응하기도 어렵다. 그래서 국회는 법률을 제정할 때 구체적인 범위를 정하여 그 일부 내용을 대통령이 정하도록 위임할 수 있다. 이렇게 해서 대통령이 제정한 법령을 '대통령령' 또는 '시행령'(예컨대 '임대주택법 시행령')이라고 부른다.

대통령 역시 모든 법규사항을 직접 제정하기 어려우므로 세부적이고 구체적인 내용을 국무총리나 행정각부의 장에게 위임하기도 한다. 이렇게 제정된 것을 '총리령', '부령' 또는 '시행규칙'이라고 한다(예컨대 '임대주택법 시행규칙'). 참고로 국회는 국가공동체의 중요한 사항(특히 국민의 기본권 실현을 위한 사항)을 직접 정하지 않고 대통령령에게 위임할 수는 없다. 또한 위임을 하더라도 그 위임 범위를 불명확하게 포괄적으로 정해서 위임하는 것도 금지된다.

약 1년 뒤인 1997. 4. 25. 임대주택법 시행규칙이 개정되면서 임대의무기간이 5년인 공공건설임대주택에 대해서만 위와 같은 '입주자모집공고 당시의 주택가격', '매각가격의 산정기준'등을 입주자모집공고에 포함하도록 규정했다(민간건설임대주택에 대해서는 적용 배제).

이후 1999. 1. 28. 임대주택법 시행규칙 개정으로 별표 2에 5년 공공건설임대주택의 분양전환가격 산정[8] 규정이 도입되었다. 1999년에 비로소 임대부 분양주택인 5년 공공임대주택의 분양(전환)가격을 임대주택법령에 정한 것은 너무 늦었다고 평가할 수 있다. 위 기준의 요지는 가. '분양전환가격은 건설원가와 감정평가금액의 산술평균가액으로 한다'는 것과 나. '분양전환가격은 임대주택의 건축비 및 택지비를 기준으로 분양전환 당시에 산정한 당해 주택의 가격(즉 산정가격)에서 임대기간중의 감가상각비를 공제한 금액을 초과할 수 없다'는 것이었다. 이후 이 기준이 5년 공공건설임대주택의 분양전환가격 산정기준으로 자리 잡았다.

이 규정(별표 2)의 구조를 눈여겨 주셨으면 한다. 가.호에서 기본적인 분양전환가격을 정하되, 나.호에서 그 전환가격이 부당하게 높지 않도록 통제하는 상한규정이 병기된 구조라는 점을 기억해 두시면 좋겠다.

그로부터 약 5년 뒤인 2004. 3. 17. 임대주택법 시행령이 개정되면서 제9조 제1항 제3호("제1호 및 제2호외의 공공건설임대주택중 제14조의 규정에 의한 임대조건 신고시 임대차계약기간을 10년 이상으로 정하여 신고한 주택은 당해 임대주택의 임대개시일부터 10년")에 임대의무기간이 10년인 공공건설임대주택이 첫 선을 보이게 된다. 5일 뒤 2004. 3.

22. 임대주택법 시행규칙 제2조의3이 개정되면서 10년 공공건설 임대주택에 대해서도 입주자모집공고를 할 때에 '분양전환가격의 산정기준'(제3호)과 위 기준에 따라 산정한 '입주자모집공고 당시의 주택가격'(제1호)을 포함시키도록 명시하였다. 10년 공공건설임대주택에도 '주택가격'이 정해져 있었고 그것은 '분양전환가격 산정기준'에 따라 산정한다는 것이다. 위 문언만 보더라도 위 주택가격은 원칙적으로 분양전환가격이 된다고 봄이 타당하다.

제2조의3 (분양전환가격등의 공고 〈개정 2003. 6. 27.〉) 영 제9조제1항제3호 및 제4호의 공공건설임대주택의 입주자모집공고를 할 때에는 다음 각호의 사항을 포함시켜야 한다. 다만, 영 제9조제5항 각호의 주택의 경우에는 제1호 및 제3호의 사항을 공고하지 아니할 수 있다.

1. 별표 1의 공공건설임대주택 분양전환가격의 산정기준에 의하여 산정한 입주자모집공고 당시의 주택가격(주택법 제16조제1항의 규정에 의하여 임대주택으로 사업계획변경승인을 얻은 주택인 경우에는 사업계획변경승인전 최초 입주자모집공고시점을 기준으로 산정한 가격으로 한다)
2. 임대의무기간 및 분양전환시기
3. 분양전환가격의 산정기준
4. 분양전환시의 당해 임대주택에 대한 수선・보수의 범위
5. 주택임대차보호법에 의한 보증금의 회수에 관한 사항

2004. 3. 22. 임대주택법 시행규칙이 위와 같이 개정되면서 별표 1 또한 개정되었는데 별표 1의 1. 가.항에서 "임대의무기간이 10년인 경우 분양전환가격은 감정평가금액을 초과할 수 없다"는 규정이 도입되었다. 그런데 앞에서 설명한 바와 같이 10년 공공건설임대주택에 대해서도 입주자모집공고를 할 때 '분양전환가격의 산정기준'(제3호)과 위 기준에 따라 산정한 '입주자모집공고 당시의 주택가격'(제1호)을 포함해야 하는데, 위 별표 1의 1. 가.항(상한규정)만으로는 '입주자모집공고 당시의 주택가격'을 확정할 수가 없음이 명백하다. 따라서 별표 1의 다른 규정(특히 '최초 입주자모집 당시의 주택가격'[2. 가.(1)항]) 또한 10년 공공건설임대주택에 적용된다고 볼 수밖에 없다.

즉 별표 1의 1. 가.항(상한규정)만이 '분양전환가격 산정기준'이라고 정의할 수는 없고 위 별표 1 전체가 '분양전환가격 산정기준'이라고 해야 한다. 이렇게 해석해야만 10년 공공건설임대주택에 대해서도 입주자모집공고를 할 때에 '분양전환가격 산정기준'(제3호)에 따라 산정한 '입주자모집공고 당시의 주택가격'(제1호)을 공고할 수 있게 된다.

다만 그 이후 2005년말까지는 5년 공공건설임대주택이 계속 공급되었고, 실제로 위 규정에 따라 첫 선을 보인 임대의무기간이 10년인 공공건설임대주택은 2006년 3월경 판교가 최초가 된다.

(2) 2003년말 분양가 상한제 도입 경위

2003년말부터 2006년까지 임대주택을 둘러싼 시대적 상황과 분양가 상한제가 도입된 경위에 관하여 간략히 살펴볼 필요가 있다.

노무현 정부에서 부활한 분양가 상한제는 17대 국회 회기 중 2005. 3. 9. 시행된 주택법 개정법률(법률 제7334호)에서부터 출발한다.[9] 그러나 사실 16대 국회 회기 중이던 2003. 11. 7. 설송웅 의원 등[10]이 분양가 상한제를 규정한 주택법 개정안을 발의했다. 주요골자는 "신규 분양 주택가격의 상승을 방지하기 위해 투기과열지구 안에서 사업주체가 입주자를 모집하는 경우에는 건설교통부장관이 정하는 가격 기준 이하로 분양가격을 책정하도록 함(안 제41조제5항)"이었다.

그런데 사실 위 법안 내용은 그 직전인 2003. 10. 28.에 대대적인 언론 보도를 통해 이미 기정사실화되었던 내용이었다. 당시 언론보도에 따르면 정부와 여당(열린우리당)은 국민주택 이하의 소형 아파트에 대해서는 분양가 원가연동제를 실시하는데 잠정 합의했다고 밝혔다.

그러니까 정부와 여당이 2003. 10. 28. 분양가 상한제를 시행한다는 당론을 잠정 확정하여 국민에게 발표를 했고, 그로부터 열흘 후인 2003. 11. 7. 분양가 상한제를 도입하는 내용의 주택법 개정안이 발의된 것이다. 다만 16대 국회 임기가 2004. 5. 29. 만료됨으로써 위 법안은 자동폐기되었고, 실제 주택법이 개정되어 분양가 상한제가 도입 확정된 것은 위 개정안 발의 후 약 1년 뒤인 2004. 12. 8.로 미뤄졌다(시행일은 2005. 3. 9.).

사실 2003. 11. 7.에 발의한 주택법 개정안은 16대 국회 임기가 2004. 5. 29.까지임을 고려해 볼 때 처음부터 통과될 가능성이 매우 낮았던 것으로 보인다.[11] 통과가능성이 없었지만 뒤늦게 법안을 발의한 이유는 아마 그 직후 2003. 11. 11. 창당한 열린우리당이 17대 국회의원 선거에서 승리하기 위해서 공약 등으로 적극 활용하기 위한 것으로 생각된다.

통상 법안 발의를 위해 장기간의 준비과정이 필요하고 사회적 파급력이 큰 법안은 그보다 더 오래 길게는 수년의 검토가 필요하다는 점을 고려할 때, 여당·청와대·정부(당시 건설교통부), 한국토지주택공사(구 대한주택공사와 한국토지공사) 그밖에 주택 건설과 관련하여 이해관계가 첨예한 경제주체들(건설회사 등)은 2002년 혹은 2003년경부터 분양가 상한제와 관련하여 심도 있는 검토 또는 의견 교환을 했을 것이고 위 법안이 위 시기에 발의된 것도 이들 사이의 오랜 협상의 결과일 것이다. 그런데 법안이 실제 통과된 시점이 그로부터 약 1년 후인 2004. 12. 8.임을 고려해 보면 다소 의문점이 있다.

어쩌면 위 법안 발의 시점은 철저하게 이해당사자들이 치밀하게 합의하여 계획된 시기인지도 모른다. 예컨대 16대 회기에 법안을 통과시키지 않는다는 전제 하에서 법안으로 발의하는데 이해당사자들이 합의한 결과일 수 있다. 열린우리당은 선거에 승리할 수 있는 공약으로 적극 활용할 수 있고, 분양가상한제에 반대하는 입장에서도 비록 불리한 내용이기는 하지만 열린우리당이 선거에서 승리하지 못할 경우 17대 국회에서 분양가 상한제 개정 압력을 약화시킬 명분으로 십분 활용할 수도 있었을 것이기 때문이다. 물론 추측이다.

(3) 분양가 상한제 도입의 필요성

2003년 무렵은 주택가격의 급격한 상승으로 건설원가 공개제도와 분양가 상한제가 도입되어야 한다는 여론이 비등한 시기였다. 지금으로부터 약 17년 전인 2003. 11. 7. 발의된 주택법 개정안에 첨부된 검토보고서(건설교통위원회 수석전문위원 작성) 내용 일부를 인용한다.

> 일반 중산층 및 무주택 서민층 국민들의 생활안정을 위해서는 주택가격의 안정이 무엇보다도 중요한 요건이며 현재 주택가격의 상승은 서울 일부지역을 중심으로 수도권등으로 파급되고 있으며 신속하고 적절한 정책대응을 통해 부동산 가격의 안정이 필요한 시점이라고 봄.
> 일반적으로 시장경제 원리상 주택공급량이 상승하면 주택가격은 하락하는 추세를 보이는 것이 정상이나, 2001년 이후에는 주택공급량이 증가하면서 주택가격 상승률도 같은 방향으로 증가하였는데,

이는 분양가 자율화로 분양가가 급등하면서 주변 기존주택 가격까지 동반상승하는 순환구조가 형성되었고, 저금리기조 영향으로 투기적 수요까지 주택시장으로 가세되면서 주택가격이 폭등한 데 기인한 것으로 보여짐.

이와 같은 부동산 가격의 비정상적인 급등과 시중의 부동자금이 부동산시장으로만 유입되는 현상은 우리나라 경제의 경쟁력을 저하시키는 요인이 됨과 동시에 부동산시장의 빈익빈부익부 현상으로 계층간의 갈등이 심화, 물가불안심리의 확대 등 부작용을 초래하고 있는 실정임.

분양가 자율화 이후 우리나라의 주택시장은 공급자 우위의 공급구조로 독과점가격이 형성되어 왔기 때문에 주택시장이 정상적인 시장경쟁 원리에 따라 운영되었다기 보다는 주택건설업체(공급자) 위주의 시장구조 형태를 띠고 있음.

따라서, 본 개정안에서는 이러한 주택가격의 급격한 상승을 막기 위하여 종전처럼 아파트 분양가를 전면적으로 규제하는 것이 아니라 투기과열지구내의 공동주택에 한해 건설교통부장관이 정하는 가격이하로 분양가격을 책정토록 함으로써 주택가격의 안정을 실현하고자 하는 것임.

공동주택 분양가는 지난 '98년 분양가 원가연동제 폐지이후 분양가 자율화 실시를 기화로 대폭 상승하여 '97년과 '03년의 서울시의 공동주택 평균분양가를 비교하여 보면 분양가 자율화이전인 '97년의 464만원에 비해 '03년에는 1,331만원으로 약 187% 상승하였으나 그동안의 서울시의 평균 지가(地價) 상승률이 연평균 3.5%, 건축비 상한가격 상승률이 2.5%~4.0%임을 비교해 보면 그동안의 분양가는 지나치게 높다고 할 수 있겠음.(중략)

또한 '98년의 건축비 상한가격(18평이하/16층이상)은 1㎡당 617천원, '02년도 건축비 상한가격은 1㎡당 700천원~754천원으로서, 그동안의 연평균 건축비 상한가격 상승률은 2.5%~4.0%에 그치고 있음.

따라서, 공동주택 분양가 자율화이후 분양가의 상승률과 동 기간의 지가 상승률 및 건축비 상승률을 비교해보면 분양가의 상승률이 지나치게 높게 상승되었음을 알 수 있으며 분양가의 적정성에 대한 의문을 제기할 수 있을 것임.

(중략)

○ 1977년 분양가 규제도입
○ 1977~1989.11까지는 상한가 규제
○ 1989.11이후 원가연동제
○ 1999.1이후 분양가 자율화 실시

※ 국민주택기금을 지원받아 건설하는 18평 이하 주택에 대해서는 분양가 규제

분양가 규제는 '77년 분양가 규제 시행이후 '99년 분양가 자율화 시점 까지 23년여 간 시행한 적이 있으며 특히, 본 개정안에서 도입하고자 하는 주택분양가 원가연동제는 '89년도에 도입하여 '99년까지 실시한 경험도 있으므로 그 실시범위를 투기과열지구내에 한정한다면 주택가격의 안정화를 위해서는 시행할 수 도 있을 것임. (이하 생략)

공교롭게도, 그리고 유감스럽게도 위 검토보고서가 작성된 위 2003년말의 사회적인 상황과 2021년 무렵의 현재의 상황이 서로 그다지 다르지 않다는 것을 알 수 있다.

(4) 2004년초 임대주택법 시행규칙 별표 1에 대한 오해가 생긴 까닭

앞서 2004. 3. 22. 임대주택법 시행규칙 별표 1이 개정되면서 임대의무기간이 10년인 공공건설임대주택의 분양전환가격에 관한 상한규정("임대의무기간이 10년인 경우 분양전환가격은 감정평가금액을 초과할 수 없다")이 도입되었다고 언급한 바 있다. 그런데 같은 날 위 시행규칙 제2조의3이 개정되면서 10년 공공건설임대주택에 대해서도 입주자모집공고를 할 때에 '분양전환가격 산정기준'(제3호)과 위 기준에 따라 산정한 '입주자모집공고 당시의 주택가격'(제1호)을 포함시키도록 했다는 점도 확인한 바 있다. 위 사정을 모두 고려하여 볼 때 위 시행규칙 별표 1 전체가 분양전환가격 산정기준이라는 점 또한 강조한 바 있다.

그러므로 이상을 종합하여 보면 10년 공공임대주택의 분양전환가격은 '입주자모집공고 당시의 주택가격'과 '감정평가금액' 중 낮은 금액이라고 쉽게 결론 내릴 수 있다. 그러나 많은 사람들은 아직도 10년 공공임대주택의 분양전환가격은 '감정평가금액'이라고 이해하는 것 같다. 그 이유는 크게 세 가지인 것으로 추측된다.

첫째, 별표 1의 구조이다. 별표 1은 1.항 제목은 "분양전환가격의 산정"이고 2.항은 "항목별 산출방법"이다. 별표 1.의 가.항 앞부분은 "임대의무기간이 10년인 경우"라고 시작하고, 나.항은 "임대의무기간이 5년인 경우"라고 시작하며, 다.항은 "임대사업자의 부도 또는 파산으로 인하여 분양전환하는 경우"라고 시작한다. 이러한 규정체계를 기계적으로 이해하면 임대의무기간이 10년인 경우 분양전환가격 산정기준에 대해서는 위 1. 가.항의 규정만 적용되는 것으로 오해할 여지가 있다. 그래서 "분양전환가격은 감정평가금액을 초과할 수 없다"는 상한규정만 있다고 해석하는 것이다.

〈구 임대주택법 시행규칙 [별표 1]〉

공공건설임대주택 분양전환가격의 산정기준(제3조의3관련)
1. 분양전환가격의 산정
가. 임대의무기간이 10년인 경우 분양전환가격은 감정평가금액을 초과할 수 없다.
나. 임대의무기간이 5년인 경우 분양전환가격은 건설원가와 감정평가금액을 산술평균한 가액으로 하되, 임대주택의 건축비 및 택지비를 기준으로 분양전환 당시에 산정한 당해 주택의 가격(이하 "산정가격"이라 한다)에서 임대기간 중의 감가상각비를 공제한 금액을 초과할 수 없다.
다. 임대사업자의 부도 또는 파산으로 인하여 분양전환하는 경우로서 임차인의 동의가 있는 경우에는 가목 및 나목의 규정에 의하여 산정한 분양전환가격을 5퍼센트 범위 내에서 증액할 수 있다.

2. 항목별 산출방법

가. 건설원가

건설원가 = 최초 입주자모집당시의 주택가격 + 자기자금이자 - 감가상각비

(1) 최초 입주자모집당시의 주택가격

건축비 및 택지비를 기준으로 입주자모집승인권자가 산정한다.

(2) 자기자금이자

자기자금이자 = (최초 입주자모집당시의 주택가격 - 국민주택기금융자금 - 임대보증금과 임대료의 상호전환전 임대보증금) × 이자율 × 임대기간

(가) 이자율 : 당해 임대주택의 임대개시일과 분양전환당시 각각의 「은행법」에 의한 금융기관으로서 가계자금 대출시장의 점유율이 최상위인 금융기관의 1년만기 정기예금이자율의 산술평균이자율

(나) 임대기간 : 임대개시일부터 분양전환개시일 전일까지의 기간

(3) 감가상각비

계산은 임대기간중 「법인세법시행령의」 규정에 의한 계산방식에 따른다.

나. 감정평가금액

(이하 생략)

둘째, 10년 공공임대주택은 최초 공급될 때에는 임대주택이고

임대의무기간 10년이 지나 분양전환이 될 때 분양주택이 된다고 보는 입장에서 이러한 해석이 가능할 여지가 있을 것이다. 이 주택은 임대의무기간이 종료할 때까지는 임대주택에 불과하므로 위 시행규칙 제2조의3의 '입주자모집 당시의 주택가격'은 분양(전환)가격을 말하는 것이 아니고, 다만 건설교통부 고시(2004. 4. 2. 시행된 건설교통부 고시 제2004-70호 「임대주택의 표준임대보증금 및 표준임대료」)에 따라 표준임대보증금 산정 기준이 되므로 부득이 공시할 필요가 있었다는 것이다. 그러나 고시를 기준 삼아 고시 내용에 맞도록 고시의 상위법인 시행규칙을 해석하는 것부터가 잘못이다. 무엇보다도 10년 공공임대주택은 오직 임대 목적으로 공급되는 주택이 아니라는 점에서 위 논리는 타당하지 않다. 위 주택은 처음부터 분양과 임대 두 가지 목적을 가지고 공급된 주택이었으므로 단순히 임대주택임을 전제로 한 위와 같은 작위적 논리는 성립할 수 없다.

셋째, 입법 경위에서 찾아 볼 수 있다. 과거 5년 공공건설임대주택에 대해서는 분양전환가격을 구체적이고도 명확하게 규정해 놓고 왜 10년의 경우에는 언뜻 보면 상한가격만 규정한 것처럼 보이도록 굳이 오해를 불러일으킬 법한 내용으로 개정을 하고 만 것인지 필자 역시 의문이다. 그러므로 입법 경위를 통해 그 이유를 살펴보지 않을 수 없다.

물론 입법을 특정 개인이 마음대로 정하는 것이 아니므로 '입법자의 의도가 무엇이다'라고 단언할 수는 없을 것이다. 설령 어떤 누

군가가 특정한 의도로 그렇게 했다고 하더라도, 법 해석은 어디까지나 객관적이어야 하므로[12], 입법기관의 입법 의도에 구속될 필요는 없다. 하지만 앞서 언급한 사정들을 토대로 임대주택법 시행규칙의 입법자가 왜 2004. 3. 22.경 그 별표 1을 위와 같이 불완전하게 입법한 것인지를 추론해 보는 것도 나름 실익이 있을 것이다.

아마도 우선 정부(공공기관)와 건설사 측은 2002년 내지 2003년경 분양가 상한제 시행을 위한 검토 과정에서, 주택가격 상승에 따라 여당에 불리한 여론이 급격히 확산해져가는 현실에서 청와대 및 집권 여당 고위인사들의 분양가 상한제에 대한 도입의지가 확고함을 여러 차례 확인하였을 것이다. 특히 열린우리당이 2003. 10. 28.경 분양가 상한제를 시행하겠다는 당론(선거 공약) 확정을 대대적으로 보도함으로써 정부와 한국토지주택공사는 향후 공공택지에서 공급되는 주택에 분양가 상한제가 적용된다는 점을 확고하게 인지하였을 것이다.

그런데 다른 한편 정부는 2003년말부터 '향후 10년간 임대주택 공급을 크게 확대하겠다'는 목표를 세우고 국민에게 이를 대대적으로 홍보했다. 10년간 국민임대주택을 100만호, 10년 공공건설임대주택을 50만호를 공급하기로 하면서, 5년 공공건설임대주택은 중단하고 10년으로 전환하도록 유도하기로 했다. 그래서 10년 공공건설임대주택의 분양전환가격에 관한 규정을 둘 필요가 있었다.

그러나 2004년 3월 당시는 분양가 상한제 관련 주택법 개정안이 당분간 통과될 수 없는 상황이었으므로, 분양가 상한제가 구체적으로 어떤 모습으로 실행될지 예상하기는 쉽지 않았을 것이다(17대 국회의원 선거결과에 따라 분양가 상한제 개정법안이 통과되지 않을 가능성이 있다고 보았을 수도 있다).

그리하여 정부는 분양가 상한제의 구체적인 내용이 확정되지 않은 상태인 점을 감안하여, 분양주택의 일종인 10년 공공건설임대주택의 분양전환가격에 관한 규정 또한 기존의 5년 공공건설임대주택의 입주자모집 당시의 주택가격 규정을 준용하는 것으로 일단 규정해 두고, 일종의 미봉책으로서 덮어 둔 것 같다. 다만 위 주택가격이 시세보다 높은 경우 불필요한 분쟁이 발생할 수도 있어 이를 막기 위하여 우선 상한가격(감정평가금액)을 추가로 명시해 둔 것 같다. 즉 기본적인 분양전환가격은 5년 공공임대주택에 있던 개념인 '최초 입주자모집 당시의 주택가격'을 원용하되, 상한규정('감정평가금액을 초과할 수 없다')을 추가로 마련한 것이다. 이러한 입법 경위로 인하여 막상 많은 사람들이 위 별표 1의 1. 가.항만 읽어 보고서는 마치 분양전환가격 산정기준이 그 상한인 '감정평가금액'이라는 규정만 적용되는 것으로 오해하게 된 것으로 보인다.

나. 분양과 분양전환

분양전환을 제대로 이해하기 위해서는 계약과 예약 등에 대한 기본적인 법적 지식이 필요하다. 다소 어려운 용어가 나오더라도 인터넷 검색 등을 통해 이해해 주시기를 바란다.

(1) 계약의 성립요건과 효력요건

계약은 유효하게 성립되어야 효력이 발생한다. 그러므로 어떤 계약이 어떤 내용의 효력을 갖는지 확인하고 싶으면 계약의 성립요건과 효력발생요건이 무엇인지를 (기본적인 내용만큼은) 이해하고 있어야 한다. 매매계약이든, 임대차계약이든, 주택공급계약이든 모두 같다.

계약이 성립하기 위해서는 우선 당사자 사이에 '의사의 합치'를 필요로 한다. 예를 들어 갑이 X라는 부동산을 을에게 3억 원에 매도하겠다는 의사(이를 '청약'이라고 한다)를 을에게 표시하고, 을이 위 의사에 합치되는 의사 즉 X라는 부동산을 3억 원에 매수하겠다는 의사(이를 '승낙'이라고 한다)를 표시함으로써 매매계약은 성립한다.[13] 이렇게 매도와 매수의 의사가 합치됨으로써 매매계약은 법적으로 성립되는 것이다.

다만 이렇게 계약이 성립되었다고 하여 무조건 효력이 발생하는 것은 아니다(여기서 효력이 발생한다는 것은 대체로 당사자가 계약에 근거하여 상대방에게 어떤 권리를 실제로 행사할 수 있다는 뜻이다). 일반적으로 계약이 완전한 법적 효력을 가지기 위해서는 당사자가 권리능력, 의사능력, 행위능력 등을 갖추어야 하고, 계약내용은 실현가능성을 충족하고, 공서양속·강행규정에 위반하지 않아야 한다는 등의 요건을 갖추어야 한다. 그밖에 특별효력요건도 요구된다. 이 책에서는 '강행규정에 위반하지 않아야 한다'는 효력요건이 주로 문제된다(해당되는 부분에서 따로 설명한다). 권리능력 따위의 다른 내용은 문제되지 않으니 무시해도 좋다.

그리고 법원은 이렇게 성립된 계약에 따라 당사자의 의무가 건전하게 이행될 수 있도록 단순히 도와주는 역할을 한다. 즉 법원은 어떤 당사자가 어떠한 내용의 계약에 근거하여 어떤 권리를 갖는지를 확인해 주고(판결절차), 상대방이 판결 등으로 확정된 의무를 이행하지 않는 경우에 이를 강제로 실현할 수 있도록 도와준다(집행절차).

요약하면 계약이 가지는 법적 효력은 법원이 이를 인정했기 때문에 발생하는 것이 아니라, 당사자가 그러한 법적 구속력 있는 약속을 하는데 상호 합의했기 때문에 발생한다. 이를 사적 자치의 원칙이라고 한다.[14]

참고로, 일정한 방식으로 의사표시(앞에 기재한 '청약'이나 '승낙'을 말한다)를 해야 계약이 성립하거나 효력이 발생하는 경우('요식계약')[15]도 있는데, 독일민법[16]과 달리 우리 민법은 부동산 매매계약을 요식계약으로 규정하지 않았다. 주택법령 또한 주택공급계약서를 요식계약으로 명시하지 않고 있다. 주택법령 해석상으로도 요식계약이라고 보기 어렵다. 주택공급에 관한 규칙은 주택공급계약서에 포함되어야 할 내용을 자세히 규정하고 있으나 그러한 내용이 포함되어 있지 않다는 이유로 일률적으로 청약 또는 승낙의 의사표시가 성립되지 않았거나 효력이 발생하지 않는다고 보는 것은 주택을 공급받는 자를 보호하기보다는 오히려 그에게 예기치 않은 손해를 줄 가능성이 있기 때문이다.

다만 주택법령에 따라 주택공급계약서에 기재되어야 하는 내용 일부가 실제 주택공급계약서에 기재되어 있지 않는 경우에는, 해당 규정의 입법목적, 취지 등을 고려하여 필요에 따라 계약의 효력을 전부 또는 일부[17] 부인하는 것으로 해석하면 될 것이다(서민의 주거안정 등 약자 보호를 위해 긴요한 규정은 대체로 편면적 강행규정이 될 것이다).

(2) 매매계약 또는 분양계약

분양계약은 다수인에게 물건을 매도하는 것을 말한다. 건축물의 분양에 관한 법률에서는 '분양사업자가 건축하는 건축물의 전부 또는 일부를 2인 이상에게 판매하는 것을 말한다'고 정의하고 있다. 표준국어대사전에서는 '전체를 여러 부분으로 갈라서 여럿에게 나누어 줌'이라고 설명하고 있다. 따라서 분양계약은 매도인이 여러 매수인과 체결하는 매매계약으로서 상대방 입장에서는 본질적으로 매매계약과 다를 바가 없다.[18]

그런데 앞에서 설명했듯이 매매계약은 '당사자가 어떤 목적물을 얼마에 매매한다'는 취지의 상호 합의만 있으면 성립하는 계약이다. 그리고 매매목적물과 대금은 반드시 계약체결 당시에 구체적으로 특정할 필요는 없고 나중에 구체적으로 특정할 수 있는 방법과 기준이 정해져 있어도 된다.

대법원은 "매매는 당사자 일방이 재산권을 상대방에게 이전할 것을 약정하고 상대방이 대금을 지급할 것을 약정함으로써 효력이 발생하는 것이므로 매매계약은 매도인이 재산권을 이전하는 것과 매수인이 대가로서 대금을 지급하는 것에 관하여 쌍방당사자의 합의가 이루어짐으로써 성립하는 것이며, 그 경우 매매목적물과 대금은 반드시 계약체결 당시에 구체적으로 특정할 필요는 없고 이를 사후에라도 구체적으로 특정할 수 있는 방법과 기준이 정하여져 있으면 족하다."라고 판시하고 있다.

즉 매매계약의 경우 매매대금이 반드시 계약체결 당시 정해져 있지는 않더라도 그 이행이 있기까지 사후에 일정한 기준에 따라 확정될 수 있다면 계약의 성립을 인정할 수 있고 분양계약 또한 마찬가지이다.

(3) 매매예약 또는 분양예약

매매예약은 매매계약에 앞서서 향후 매매계약을 체결하기로 하는 합의를 말한다. 매매예약도 계약의 일종이다. 주택공급계약서 내용에 따라서는 위 계약 체결 당시 분양계약이 성립할 수도 있고 분양 예약의 계약이 성립할 수도 있다.

이에 관하여 민법 제564조 1항은 "매매의 일방예약은 상대방이 매매를 완결할 의사를 표시하는 때에 매매의 효력이 생긴다."라고 규정하고 있다. 즉 예약을 통해 본계약을 체결할 권리를 가진 자가 상대방에 대하여 본계약의 효력을 발생시키는 의사표시(즉 예약완결의 의사표시)를 하면 상대방의 승낙을 기다리지 않고서 본계약의 효력[19]이 발생한다.

앞서 본 사례에서 갑이 X라는 부동산을 을에게 3억 원에 매도하 겠다는 의사(이를 '청약'이라고 한다)를 을에게 표시할 때 '다만 지금 당장 매매계약을 이행하지 않고 을이 10년 뒤에 매매 완결을 선택할 경우에 매매계약을 완전히 이행한다'는 조건을 붙였다고 하자. 그리고 을이 위 청약 내용을 모두 수락하여 X라는 부동산을 3억 원에 매수하되 10년 뒤에 매매를 완결한다는 의사(이를 '승낙'이라고 한다)를 표시하였다고 하자. 이 경우 매매예약의 계약이 성립한다. 매매의 일방예약이라고도 한다. 여기서 예약권리자인 을이 10년 뒤 예약을 완결하겠다는 의사를 일방적으로 표시할 경우 본계약인 매매의 효력이 발생한다. 을이 가진 이러한 지위를 예약완결권이라고 한다.

대법원도 임대인이 백화점의 각 점포를 소유권이전 조건부로 임대한 사례에서, (임대인)은 "임차인들과 사이에 이 사건 각 점포에 관한 임대차계약과 동시에 임차인들이 적어도 10년간의 임대차기간 종료 후 임차인들이 이미 확보한 임차목적물에 관하여 매매예약완결권인 분양청구권을 행사할 수 있는 권리를 부여하였다"고 판단한 적이 있다(대법원 2000. 10. 13. 선고 99다18725 판결[20]).

뿐만 아니라 분양예약은 법적 효력을 가지는 계약의 일종이므로, 어느 일방이 정당한 이유 없이 예약상의 의무이행(본계약의 체결)을 거절하는 경우 상대방은 예약채무불이행을 이유로 한 손해배상을 청구할 수도 있다(대법원 2011. 11. 10. 선고 2011다41659 판결[21]).

그런데 대법원은 국가계약법에 따른 낙찰자 결정의 법적 성질은 입찰과 낙찰행위가 있은 후에 더 나아가 본계약을 따로 체결한다는 취지로서 계약의 편무예약에 해당한다고 판시한 적이 있다(대법원 2006. 6. 29. 선고 2005다41603 판결[22], 대전고법 2000. 5. 29. 자 2000라88 결정[23]). 분양주택의 당첨절차도 위 낙찰자 결정절차와 유사한 구조를 가지며, 그 법적 성격 또한 유사하다. 그러므로 분양주택의 당첨자 결정 또한 '분양예약'이라고 할 수 있다(대법원 1997. 3. 28. 선고 95다48117 판결, 서울고등법원 1991. 6. 28. 선고 91나9673 판결[24] 등).

(4) 분양전환과 분양

임대주택법에 '분양전환'이라는 용어가 처음 명시된 것은 2003년이었다. 과거 임대주택을 임차인에게 양도하는 것에 대해 법률은

'분양'이라는 용어를 쓰기도 하고 '매각'이라는 용어를 쓰기도 했다. 그러다가 임대주택법이 2003년에 개정되면서 "임대주택을 임대사업자외의 자에게 매각하는 것"을 모두 "분양전환"이라고 획일적으로 정의하기 시작했다. 그러나 모든 임대주택을 임대사업자외의 자에게 매각하는 것을 일률적으로 분양전환이라고 정의함으로써 오해의 빌미가 생겼다.

임대주택은 최초 공급시점부터 분양의 성격을 가지고 있는 경우(임대의무기간이 5년 또는 10년인 공공건설임대주택)와, 그렇지 않은 경우(영구임대주택 등)로 크게 나뉘는데, 두 경우에 분양전환의 의미는 서로 다르다. 전자의 경우 최초 주택공급계약 당시 분양계약 또는 분양예약이 체결되어 있었기 때문에, 분양전환은 그 분양계약의 이행기가 도래함에 따라 확정된 매매대금을 지급하고 소유권이전등기를 하는 이행행위를 말한다. 그러나 영구임대주택 등 최초 공급 당시 분양계약이 존재하지 않은 임대차의 경우에는 분양전환은 분양계약을 체결하는 것까지를 포함하는 의미가 된다.

그러나 2004년초 임대의무기간이 10년인 공공건설임대주택이 새로 도입된 이후 '분양전환'이라는 용어는 분양전환시점에 비로소 분양이 존재하는 것처럼 왜곡하는 빌미가 되고 말았다. 임대의무기간이 5년인 공공건설임대주택에 대해서는 분양전환가격에 관한 상세한 규정이 존재했으므로 분양전환과 분양을 굳이 구별할 실익이 별로 없었다. 그러나 2004년초 임대주택법 시행규칙 별표 1을 개정하면서 언뜻 보아 10년 공공건설임대주택에 관하여 분양전환가격 상한규정만을 도입한 것처럼 오해할 여지가 생겼으므로 분양과 분양전환을 명확하게 구별하여 이해할 필요가 생겼다.

즉 임대의무기간이 5년 또는 10년인 공공건설임대주택의 경우 최초 주택공급계약서(모든 임대사업자들은 위 주택공급계약서를 '임대차계약서'라고 기재하였으나 당시 주택공급에 관한 규칙에 따르면 그 계약서의 명칭은 '주택공급계약서'였다) 체결 당시 '분양'의 합의(분양계약 또는 분양예약)가 이미 존재하므로, '분양'과 '분양전환'은 엄연히 다른 의미를 가진다. 그러나 임대사업자들은 주택공급계약 체결 당시 '분양계약' 또는 '분양예약'이 없었던 것처럼 간주하고 임대기간이 경과된 이후에 비로소 처음으로 '분양'(그들에게는 '분양전환'이 '분양'과 동일하다)을 받아야 소유권이전등기를 해 줄 수 있다고 주장을 하게 된 것이다.

후술하는 바와 같이 주택법 개정으로 분양가 상한제 관련 규정이 도입된 이상 임대의무기간이 10년인 공공건설임대주택의 경우에도 구 주택법 제38조의2의 특별규정으로서 구 임대주택법 시행규칙 별표 1이 규정한 '최초 입주자 모집 당시의 주택가격'이 주택공급계약 체결 당시부터 분양가격(분양전환가격)으로 정해져 있었다고 해석함이 마땅하다(위 특별규정이 적용되지 않는다고 한다면 적어도 일반규정인 구 주택법 제38조의2는 적어도 적용되어야 한다).

임대의무기간이 5년 또는 10년인 공공건설임대주택의 경우, 임대의무기간이 경과한 이후 주택가격이 변동할 것을 대비하여 해당 분양전환가격의 상한가격을 추가로 규정함으로써 임대주택법의 보호를 받는 서민인 수분양자를 '이중(二重)으로' 더욱 두텁게 보호하였다. 다만 임대의무기간이 10년인 공공건설임대주택의 경우 그 상한가격은 시세(감정평가금액)이고, 임대의무기간이 5년인 임대주택의 경우에 그 상한가격은 '산정가격[25]에 임대기간 중의 감가상각비를 공제한 금액'이라는 차이만이 있을 뿐이다.

그러나 2004년말 주택법 개정에도 불구하고 임대주택법 시행규칙 별표 1의 정비가 이루어지지 않은 탓에, 한국토지주택공사(LH) 등은 2006년경 이후 임대의무기간이 10년인 공공건설임대주택의 경우에는 분양전환시점에 비로소 분양이 존재하는 것처럼 주장하기 시작하였다. 즉 임대주택법 시행규칙 별표 1을 '임대사업자가 분양전환가격을 감정평가액을 넘지 않는 범위에서 마음대로 정할 수 있다'거나 '분양전환가격이 감정평가액으로 정해졌다'는 식의 위법한 주장을 반복했다. 마침내 대법원마저 이러한 오해에 편승하여 2010다36261 판결을 선고하기에 이르렀다. 후술하겠지만 대법원은 임대의무기간이 10년인 공공건설임대주택의 본질을 완전히 외면하여 명백히 잘못된 결론을 내렸다. 불행하게도 대법원 판결 이후 후속 판결들 또한 대체로 10년 공공임대주택의 본질에 눈을 감고 있다.

3

주택공급계약의 해석과 분양전환

가. 입주자모집공고 및 주택공급계약서 내용

2006. 3.경 판교에서 최초로 공급된 임대의무기간이 10년인 공공건설임대주택(이하 '10년 공공임대주택'으로 약칭)의 공급주체는 한국토지주택공사와 민간 4개 건설회사이다. 민간 건설회사들은 2006. 3. 29. 임차인모집공고(적법한 명칭은 '입주자모집공고'이다)를 하면서 임대조건의 변경 부분을 아래와 같이 기재하였다.

■ 임대기간 및 조건변경
• 임대기간 (분양전환시기) : 10년
• 임대조건의 변경 : 최초 입주 10년 후 분양전환시 분양전환금액은 임대인과 임차인이 각기 산정한 감정평가업자의 감정평가금액의 산술평균가격으로 한다.

민간 건설회사들 중 A건설사는 임차인들과 사이에 작성한 임대차계약서(적법한 명칭은 '주택공급계약서'이므로 이하 '주택공급계약서'로 약칭한다)에 분양전환시기 및 분양전환가격과 관련하여 아래와 같은 규정을 두었다.

> 제14조(임대주택의 매각) 갑은 본 계약서상 임대주택의 임대차계약기간이 임대주택법 제12조 제1항 제3호의 기간을 경과한 경우에는 다음 각 호의 조건에 따라 매각한다.
> 1. 위 주택의 매각시기는 최초 입주 지정기간 만료 후 10년으로 한다.
> 제17조(특약) ① 제14조 제2호 규정에 의한 분양전환가격의 산정방법은 임대주택법, 동시행령 및 규칙에 따른다.

A건설사는 일부 임차인들과 사이에 작성한 계약서에는 분양전환가격에 관하여 아래와 같이 기재하기도 했다.

> 제16조(특약) ② 당 아파트는 임대기간 10년의 공공건설임대주택으로서 임대차기간 만료 후의 을에 대한 분양전환시의 분양전환가격은 최초 임차인 모집공고 당시(2006. 3) 임대주택법 시행령 및 시행규칙에 의거하여 산정된다.

나머지 3개 건설회사가 체결한 임대차계약서 또한 내용이 대체로 비슷하다.

나. 당첨자로서 주택 공급

무엇보다도 우선 위 임차인들은 당시 주택법 및 주택공급에 관한 규칙에 정한 '당첨자'로서 위 주택공급계약을 체결했다는 점을 명확히 할 필요가 있다.

2006년 3월경 시행되던 구 주택법 제38조[26] 제1항에 따르면 사업주체 즉 건설사는 주택법령이 정한 조건에 따라서만 주택을 건설·공급하도록 강제되고 있었다. 그 첫째 조건은 사업주체가 입주자를 모집하고자 하는 경우에는 건설교통부령이 정하는 바에 의하여 시장·군수·구청장의 승인을 얻어야 한다는 것이고, 둘째 조건은 사업주체가 건설하는 주택을 공급하고자 하는 경우에는 건설교통부령이 정하는 입주자모집조건·방법·절차, 입주금의 납부방법·시기·절차, 주택공급계약의 방법·절차 등에 적합해야 한다는 것이다. 또한 제2항에 따르면 주택을 공급받고자 하는 자도 물론 건설교통부령이 정하는 입주자자격·재당첨제한 및 공급순위 등에 적합하게 주택을 공급받아야 한다. 이러한 주택법의 위임에 따라 주택공급에 관한 규칙(이하 '주택공급규칙' 또는 '규칙'이라고도 약칭한다)이 제정되었다.

주택공급규칙에서 사용하는 공급 또는 당첨자라는 용어의 의미를 명확하게 이해할 필요가 있다. 주택의 "공급"이라 함은 주택법 제38조의 적용대상이 되는 주택 및 복리시설을 분양 또는 임대하는 것을 말한다. 특히 제3조 제13호 아목에서 규정한 바와 같이 "일정기간 경과후 분양주택으로 전환되는 임대주택을 공급받은 자"는 "당첨자"에 포함되는데, 분양전환되지 아니하는 임대주택의 입주자로 선정된 자는 당첨자에서 제외된다는 점을 꼭 기억할 필요가 있다. 오직 분양주택을 공급받은 자를 당첨자로 보기 때문에 단순한 임대주택(영구임대주택이나 국민임대주택 등)을 공급받은 자는 당첨자에서 제외하는 것이다.

구 주택공급규칙 제2조 제13호는 '분양전환되지 아니하는 임대주택의 입주자로 선정된 자'를 분양주택의 당첨자에서 제외한다고 규정하고 있다. 그런데 모든 임대주택은 임대의무기간이 경과한 이후에는 분양전환이 가능하므로(구 임대주택법 제12조 참조), '분양전환되지 아니하는 임대주택'이란 곧 입주자로 선정된 시점을 기준으로 분양전환시기와 분양금액이 정해지지 않은 임대주택(즉 임대주택에 입주자로 선정될 당시를 기준으로 볼 때 분양을 목적으로 공급되지 않는 주택으로서 영구임대주택 등)을 말한다. 따라서 위 주택공급규칙 제2조 제13호 아목("일정기간 경과 후 분양주택으로 전환되는 임대주택을 공급받은 자")에서 규정하는 '일정기간 경과 후 분양주택으로 전환되는 임대주택' 또한 위 규정 본문의 해석과 조화롭게 '해당 주택에 입주자로 선정될 당시 분양을 목적으로 공급되는 임대조건부 분양주택[입주자로 선정될 당시 분양금액과 소유권이전시기(분양전환시기)가 미리 정해져 있는 분양주택이면서 앞서 5년 또는 10년간 조건부 임대를 하기로 예정된 주택]을 의미하는 것으로 해석되어야 한다. 실무 또한 이와 같이 해석되어 적용되어 왔다.

다. 분양계약의 성립

(1) 위와 같이 임대사업자의 당첨자 결정에 의하여 분양예약이 성립되었다고 할 수 있으므로(대법원 2006. 6. 29. 선고 2005다41603 판결, 대법원 1997. 3. 28. 선고 95다48117 판결, 서울고등법원 1991. 6. 28. 선고 91나9673 판결 등), 위 당첨자 결정에 근거하여 그 이후에 체결된 주택공급계약서는 분양예약이 아닌 분양계약이라고 봄이 마땅하다. 분양예약을 불필요하게 2번 반복한다는 것은 거래의 통념과 상식에도 역시 부합하지 않는다.

(2) 앞서 설명한 것처럼 매매계약은 '당사자가 어떤 목적물을 얼마에 매매한다'는 취지의 합의만 있으면 성립하는 계약이다. 그런데 위 주택공급계약서에 보면 당사자, 목적물, 매매시기 및 매매가격까지 특정되어 있으므로 매매계약(분양계약)이 성립한 것이 확실하다.

대법원 또한 "매매대금의 액수를 일정기간이 지난 후일의 시가에 의하여 정하기로 하였다고 하여, 그와 같은 사유만을 들어 매매계약이 아닌 매매예약이라고 속단할 수는 없는 노릇"이라고 판시한 적도 있다(대법원 78. 6. 27. 선고 78다551등 판결, 민법주해XIV 119면 등[27]).

대법원은 최근에는 양 당사자가 "구체적인 매매목적물은 경계 부분에 석축공사를 마침으로써 특정하고, 구체적인 대금은 피고가 원고의 증축을 위해 건축주 명의를 대여하는 등 편의를 제공한 것을 감안하여 시세보다 저렴하게 하되 향후 구체적인 매매목적물이 특정된 시점에 합의하여 정한다."고 합의한 사안에서도 역시 매매계약의 성립을 인정했고(대법원 2020. 4. 9. 선고 2017다20371 판결[28]), '특정 토지를 타시장에 준하여 매도한다'고 약정한 사례에서 '타시장에 준한다는 의미가 타시장에 준한 토지대금을 뜻하는 것이라면 이는 계약체결 후에 이를 구체적으로 특정 못할 것은 아니라고 보아 역시 매매계약의 성립을 인정했다(대법원 1986.02.11. 선고 84다카2454 판결[29]).

⑶ 구 주택공급에 관한 규칙 제2조 제4호, 제13호, 제8조 제3항 제5호, 제8호, 제27조 제5항 제9호, 제10호 등에 따르면, 임차인이 2006년경 체결한 '주택임대차계약서'는 위 규칙 제27조 제1항의 '주택공급계약서'로 간주된다. 주택법령 및 임대주택법령 어디에도 분양전환시에 다시 별도로 주택공급계약 또는 분양전환계약을 체결해야 한다는 취지의 규정이 없다.

〈주택공급에 관한 규칙 [2006. 2. 24. 건설교통부령 제498호로
일부개정된 것]〉

제2조 (정의) 이 규칙에서 사용하는 용어의 정의는 다음과 같다.
4. "공급"이라 함은 「주택법」(이하 "법"이라 한다) 제38조의 적용대상이 되는 주택 및 복리시설을 분양 또는 임대하는 것을 말한다.
13. "당첨자"라 함은 다음 각 목의 어느 하나에 해당하는 자를 말

하며, 법 제39조제2항의 규정에 의하여 당첨 또는 공급계약이 취소되거나 그 공급신청이 무효로 된 자를 포함하되, 분양전환되지 아니하는 임대주택의 입주자로 선정된 자를 제외한다. (중략)

  아. 일정기간 경과후 분양주택으로 전환되는 임대주택을 공급받은 자

  자. 임대주택의 입주자가 퇴거함으로써 사업주체에게 명도된 주택을 공급받은 자

  제8조 (입주자의 모집절차) ①사업주체가 입주자를 모집하고자 할 때에는 공개모집을 하여야 한다. (중략)

  ④제3항의 규정에 의한 입주자모집공고는 최초신청접수일부터 5일이전에 다음 각 호의 사항을 포함하여 공고하여야 한다.(중략)

  5. 분양가격 및 임대보증금, 임대료와 청약금·계약금·중도금등의 납부시기 및 납부방법 (중략)

  8. 일정기간이 경과한 후 분양전환되는 임대주택인 경우에는 그 분양전환시기와 분양예정가격의 산출기준등 분양전환조건에 관한 사항 (중략)

  제27조 (주택의 공급계약) ①사업주체는 제12조의2제4항·제21조의2 및 제22조에 따른 전산검색 및 세대주 등의 확인 결과에 따른 정당한 당첨자와 공급계약을 체결하여야 한다. (중략)

  ⑤ 사업주체와 주택을 공급받는 자가 체결하는 주택공급계약서에는 다음 각 호의 내용이 포함되어야 한다. (중략)

  9. 임대주택의 경우 제29조의 규정에 의한 관리 및 임대기간만료 후의 재계약에 관한 사항

> 10. 일정기간 경과후 분양전환되는 임대주택인 경우 분양시기, 분양예정가격의 산출등 분양전환조건에 관한 사항 (이하 생략)

(4) 주택공급계약서 제14조는 일정기간 경과한 경우에는 당연히 분양전환한다[30]는 취지로 규정하고 있을 뿐이고 임차인에게 특별히 매수(분양전환) 여부를 선택할 권리를 부여하고 있지 않다. 예약상의 권리자에게 본계약 체결 여부에 대한 선택권만이 남아 있는 경우에는 예약에 지나지 않을 수도 있지만, 당사자 쌍방이 본계약에 대한 확정적 구속에 합의하면서 다만 그 채무이행에 조건, 기한이 붙은 데 불과한 경우에는 본계약이 성립한 것으로 봄이 옳다(민법주해XIV권 119면 참조).

다만 주택공급계약서 내용만 보면 임차인은 임대의무기간 10년 경과 후 분양전환을 포기할 권리가 없는 것으로 이해될 여지가 있다. 분양전환을 포기할 권리가 없다면 경우에 따라서는 임대사업자가 분양전환의무를 불이행하였다는 이유로 임차인을 상대로 법적 책임을 추궁할 여지도 있다. 그러나 일반적으로 임차인은 분양전환을 포기할 수 있다고 보고 있는데 이는 아마도 구 임대주택법 시행규칙 제4조 제1항 제1호, 제2호[31]의 해석론상 위 규정에 근거한 별도의 포기권이 인정되고 있는 까닭인 것으로 보인다.

즉 분양전환 포기권은 주택공급계약서와 별도로 임대주택법 시행규칙에 근거하는 공법상 권리로서 인정되고 있으므로 위 포기권이 인정된다는 이유만으로 위 주택공급계약이 매매예약에 불과하다고 폄하하기는 어렵다.

⑸ 10년 공공임대주택 임차인들은 당첨자로서 주택을 공급 받았으므로 2006년 당첨 즉시 청약통장이 실효되고 재당첨제한이라는 불이익을 받았다.

임대사업자는 입주자모집공고 당시 '상기 주택에 신청하여 당첨된 청약관련예금통장은 계약체결 여부와 무관하게 당첨계좌의 재사용은 불가함'이라고 명시하였다.

게다가 당시 주택공급규칙 제23조는 제1항은 "분양가 상한제 적용주택에 당첨된 자의 세대에 속한 자는 다음 각 호의 어느 하나에 해당하는 기간 동안 다른 분양주택의 입주자로 선정될 수 없다."고 규정하였고, 그 기간의 기산일을 일률적으로 당첨일로 정했다. 따라서 임차인들이 위 규정의 적용을 받았다는 말은, 그들이 곧 '분양가 상한제 적용주택에 당첨된 자'로서 당첨일을 기준으로 '분양주택을 공급받은 자'임을 의미한다. '분양주택을 공급받은 자'가 체결한 주택공급계약은 분양계약일 수밖에 없다.

〈입주자모집공고의 ■ 신청자격 및 공급일정 중 일부〉

| 일반공급 | - 신청자격 및 요건 등의 기준은 최초 입주자 모집공고일 현재이며 면적은 전용면적을 기준으로 함.
- 2001년 12월 26일 이전부터 최초 입주자 모집공고일 현재까지 지속하여 성남시에 거주하거나, 최초 입주자 모집공고일 현재 수도권(서울특별시, 인천광역시, 경기도) 거주자로서 주택을 공급받고자 하는 무주택 세대주(성남시 2001년 12월 27일 이후 전입 거주자는 수도권)으로 청약 가능
- 상기 주택에 신청하여 당첨된 청약관련예금통장은 계약체결 여부와 무관하게 당첨계좌의 재사용은 불가함.
- 당첨자 발표일이 동일한 주택 전체에 대해 1인 1건에 대해 신청가능하며, 1인 2건 이상 신청한 경우에는 모두 무효처리함. |

〈주택공급에 관한 규칙 [2006. 2. 24. 건설교통부령 제498호로 일부개정된 것]〉

제23조 (재당첨 제한) ①분양가상한제 적용주택에 당첨된 자의 세대에 속한 자는 다음 각 호의 어느 하나에 해당하는 기간 동안 다른 분양주택의 입주자로 선정될 수 없다. 〈개정 2006. 2. 24.〉

1. 주거전용면적이 85제곱미터 이하인 주택

가. 「수도권정비계획법」 제6조제1항에 따른 과밀억제권역 및 성장관리권역에서 당첨된 경우에는 당첨일부터 10년간

나. 가목 외의 지역에서 당첨된 경우에는 당첨일부터 5년간

2. 주거전용면적이 85제곱미터를 초과하는 주택

가. 「수도권정비계획법」 제6조제1항에 따른 과밀억제권역 및 성장관리권역에서 당첨된 경우에는 당첨일부터 5년간

나. 가목 외의 지역에서 당첨된 경우에는 당첨일부터 3년간

라. 분양계약이 아니라면 최소한 분양예약이 성립

앞서 언급한 바와 같이 ① 10년 공공임대주택 임차인이 '당첨자'로서 주택을 공급받은 점, ② 임대사업자의 당첨자 확정을 통해 분양예약이 그 이전에 성립된 점, ③ 주택공급계약서상 분양전환시기 도래하면 확정적으로 분양전환된다는 취지로 규정하고 있을 뿐 위 계약서상 임차인에게 선택권이 부여되어 있지 않은 점, ④ 구 주택공급규칙 제23조 제1항의 재당첨 제한규정은 분양주택의 당첨자에게만 적용되는 것이었던 점, ⑤ 임차인들이 체결한 임대차계약서는 주택공급규칙상 '주택공급계약서'로 간주되는 점(관련 법령에 별도의 추가적인 분양전환계약서를 작성하여야 한다는 규정은 존재하지 않는 점) 등을 고려할 때, 위 주택공급계약서는 원칙적으로 예약이 아니라 본계약(분양계약)이다.

다만 구 임대주택법 시행규칙상 임차인이 본계약 체결을 포기할 수 있다고 규정한 점을 고려하여 위 주택공급계약을 분양계약이 아니라 단지 예약이라고 볼 수도 있다.

분양예약의 계약이 체결되었다고 할 경우에도 역시 예약에 근거하여 본계약을 체결할 권리를 가진 자가 상대방에 대하여 본계약의 효력을 발생시키는 의사표시(즉 예약완결의 의사표시)를 하면 상대방의 승낙을 기다리지 않고서 본계약의 효력이 발생한다(민법 제564조 1항[32]).

법률가들의 주석서(민법주해XIV 114면, 117면, 121면)는 이를 아래와 같이 설명하고 있다.

〈114면〉

여기서 민법(제564조)은 예약으로 본계약을 체결할 권리를 갖는 자가 상대방에 대하여 본계약을 성립시킨다는 의사표시(예약완결의 의사표시)를 하면, 상대방의 승낙을 기다리지 않고서 본계약이 성립하는 것으로 정하였다. 따라서 예약상의 권리자는 상대방에 대하여 완결의 의사표시를 한 다음에 곧바로 본계약의 이행을 소구(소송을 통해서 매매계약에 따른 권리 이행을 청구한다는 뜻 - 필자 주)할 수 있다. 예약상의 권리자는 상대방에 대하여 승낙을 구하는 소를 제기할 필요가 없어 편리할 뿐만 아니라 당사자 사이의 분쟁을 해결하는 절차가 그만큼 간단해진다.

〈117면〉

확실히 당사자의 합의만으로 성립하는 낙성계약에 있어서는 이미 성립한 예약에 기하여 본계약을 체결하는데 다시 상대방의 승낙을 요한다고 하는 구조를 상정하는 것은 무의미할 뿐만 아니라 당사자의 진의에도 어긋나는 것처럼 생각된다.

우리 민법(제564조)이 현상광고를 제외한 모든 전형계약을 낙성계약으로 인정하고, 예약은 원칙적으로 일방예약으로 추정하고 있음은 이 점에서 타당하다. 그러나 일반적으로 본계약이 요물계약이

> 거나 요식계약인 경우와 같이 상대방의 승낙만으로는 성립할 수 없는 것인 경우에는 예약완결의 의사표시만으로 본계약을 성립시키는 일방예약으로 볼 수 없고 편무예약으로 보아야 할 것이다.
>
> 〈121면〉
> 민법은 위 규정을 매매 이외에도 모든 유상계약에 준용하고 있다(제567조). 따라서 다른 모든 유상계약의 예약도 일방예약으로 추정된다.

다만 판교 10년 공공임대주택의 주택공급계약을 예약의 계약이라고 하더라도 위 예약에 따른 본계약이 요식계약(대법원 2006. 6. 29. 선고 2005다41603 판결 참조)이라고 가정한다면, 관련 법령이 요구하는 형식을 갖추지 않은 청약 및 승낙의 의사표시만으로는 계약의 효력이 발생할 수 없다. 이 경우 예약완결의 의사표시만으로 본계약을 성립시키는 일방예약으로 볼 수 없게 되고, 편무예약이 된다(민법주해XIV 117면 참조. 편무예약 내용은 복잡하므로 생략한다).

대법원 또한 임대의무기간이 5년 공공건설임대주택 공급을 위해 체결된 임대차계약이 분양예약의 계약의 성격을 가지고 있다고 판단했다(대법원 2006. 8. 25. 선고 2006다14103 판결). 대법원은 '임대차계약서' 체결 당시 분양전환합의가 존재함을 근거로 임대사업자가 위 합의에 따라 본계약을 체결할 의무가 있음을 인정한 것이다.

〈대법원 2006. 8. 25. 선고 2006다14103 판결 내용 중 일부〉

> 이 사건 입주자모집공고와 한국토지신탁과 원고 사이에 체결된 1999. 9. 6.자 및 2001. 11. 30.자 임대차계약서 제12조에 "분양전환시기 또는 주택의 매각시기는 최초의 입주지정기간 종료 후 5년으로 한다."라고 규정되어 있어 이 사건 임대아파트에 대한 매각시기에 관한 약정을 하고 있음을 알 수 있으므로, 한국토지신탁의 임대사업자의 지위를 승계한 피고는 위 약정에 따라 최초의 입주지정기간 종료 후 5년이 되는 2004. 11. 30.에 원고에게 이 사건 임대아파트를 매각할 의무가 있다.

대법원이 임대의무기간이 5년인 공공건설임대주택의 분양전환계약이 요식계약이라는 취지에서 위와 같이 판결한 것인지는 분명하지 않다.

그러나 앞서 설명했듯이 임차인이 2006년에 작성한 임대차계약서에는 주택공급규칙상 '주택공급계약서'에 포함되어야 할 내용이 모두 포함되어 있고, 달리 주택법령 및 임대주택법령에 위 주택공급계약서 외에 별도의 계약서(분양전환계약서 등)를 작성해야 한다는 취지의 규정이 없으므로, 위 주택공급계약서에 따라 체결되는 분양(전환)의 본계약을 요식계약이라고 할 수는 없다. 위 대법원 판결이 단순히 위 공공임대주택의 성격 및 위 임대차계약서 제12조의 '매각'

이라는 단어의 의미를 필자와 달리 이해했기 때문일 수도 있다.

   다만 최소한 대법원이 위 주택공급계약서에 근거한 임차인의 매도 청약에 대해 임대인이 승낙의 의사표시를 할 의무가 있음을 인정했다는 사실만큼은 명백하다.

분양전환의 법률관계에 적용되는 법령

가. 분양전환의 법률관계는 사법관계인가, 공법관계인가

　국가의 법 체계는 크게 사법(私法)과 공법(公法)으로 나눌 수 있다. 사법은 개인이 각자 자신의 이해관계(利害關係)에 따라 자유롭게 형성해 나가는 법 영역이다. 이에 반해 공법은 공공(公共)의 이익(公益) 실현을 주된 목적으로 하는 법 영역이다. 사법 영역에 대해서는 당연히 민법, 상법 등의 사법 규정이 적용되고 사적자치권[33](재산권, 행복추구권, 일반적 행동자유권 등)이 원칙적으로 보장되는데 반해, 공법의 영역에서는 사적 자치보다는 공익 추구를 목적으로 하는 각종 공법 규정과 공법상 원리·원칙[34]이 적용된다. 적용법규, 적용법원리 외에도 재판관할 및 재판절차 또한 달라질 수 있다.

　그러므로 분양전환의 법률관계에 어떤 법령이 적용되는지, 그리고 어느 시점의 법령이 적용되는지 판단하기 위해서는 분양전환의 법률관계가 사법관계인지 아니면 공법관계인지를 한번 생각해 볼 필요가 있다. 물론 10년 공공임대주택의 분양전환에 관한 법률관계가 기본적으로 사법상 법률관계임에는 별다른 의문이 없다. 그러나 주택법과 임대주택법은 주택 또는 임대주택의 공급에 관하여 각종 공법적 규제를 가하고 있다. 예컨대 주택법에 따르면 사업주체가 입주자를 모집하고자 하는 경우에는 건설교통부령이 정하는 바에 의하여 시장·군수·구청장(이하 '시장 등'이라고 약칭한다)의 승인을 얻어야 한다. 공공택지에서 공급되는 주택에 대해서는 2006년 이후 지금까지 줄곧 분양가 상한제가 적용되어 왔다. 민간 임대사업자는 10년 공공임대주택의 분양전환에 앞서 시장 등으로부터 미리 분양전환승인을 받아야 한다. 이러한 주택법령 및 임대주택법령에 따른 각종 공법적 규제를 감안하여 볼 때, 10년 공공임대주택의 공급 또는 그 분양전환에 관한 법률관계는 사법관계와 공법관계의 성격을 함께 가지는 것으로 보아야 하는 것은 아닐까.

사법관계와 공법관계를 구별하는 것은 현실에서 쉬운 일이 아니다. 외견상 어느 하나의 법률관계만 있는 것처럼 보이더라도 각종 행정규제들로 인하여 다른 법률관계의 성격이 혼재되어 있는 경우가 허다하다. 그러므로 각각의 법률관계마다 그 성격이 다를 수 있음을 전제로 해당 법률관계를 규율하는 법령의 규정과 해당 법률관계의 성질 등 제반 사정을 종합하여 그 성격을 개별적·구체적으로 살펴야 한다. 여기서 법률관계의 성질이란 통상적으로 그 법률관계의 당사자가 누구인지(국가 또는 공공단체가 당사자인지), 어느 일방 당사자에게 우월적 지위가 부여되어 있는지, 해당 법률관계가 사익을 목적으로 하는지, 해당 법률관계 형성에 따른 이익이 공공에 귀속되는지 등을 의미한다. 이렇게 해당 법률관계를 규율하는 법령 규정과 법률관계의 성질을 면밀히 검토하여 본 결과, 그 법률관계에 공공성이 없거나 미약하다고 볼 수 있는 경우에는 이를 사법관계로 보게 된다. 예컨대 외견상 행정권의 일방적인 조치인 것처럼 보이는 경우에도 그 실질에 있어서 행정주체가 사법상의 재산권의 관리주체로서 행위하는 경우 그 행위는 사법행위에 속한다(대법원 1983. 12. 27. 선고 81누366 판결[35]) 등).

결론부터 말하자면 10년 공공임대주택의 공급 및 그 분양전환에 관한 당사자 사이의 법률관계는 사법관계의 성격을 가지고 있고 사법 및 사법원리에 따라 규율되어야 마땅하다.

주택법령과 임대주택법령이 국민의 주거안정을 위하여 각종 공법적 규제를 가하고 있지만 이러한 규제가 그 법률관계의 성격을 달리 취급하거나 어떠한 공법관계를 형성하기 위한 취지로까지 해석되지는 않는다. 분양전환의 법률관계 당사자가 사적 주체로서 상호 대등한 점(임대인이 한국토지주택공사라고 하더라도 공사는 사적 경제주체로의 지위를 가질 뿐이다[36]), 원칙적으로 어느 일방 당사자에게 우월적 지위가 부여되어 있지 않는 점(각종 공법적 규제가 약자인 임차인을 보호하기 위한 취지일 뿐이고 임대인 또는 임차인 중 어느 일방에게 특별히 우월적 지위를 인정하지 않고 있다), 분양전환 그 자체는 기본적으로 특정 주택의 '분양'이라는 사익만을 목적으로 하는 점, 분양전환에 따른 이익과 손해는 거의 전적으로 당사자에게만 귀속되는 점 등을 아울러 고려할 때 역시 결론은 동일하다.[37]

나. 사법관계에 적용되는 법령의 기준시

10년 공공임대주택의 분양전환의 법률관계가 사법관계인 이상 그 법률관계에 대해서는 계약 체결 시점에 시행되고 있던 법령이 적용되는 것이 당연하다. 사법관계에 대해서는 앞서 언급한 바와 같이 사유재산제도, 사적자치의 원리 등이 적용되어야 하고, 계약 체결 이후의 개정 또는 제정된 법령의 규정에 따라 어느 일방 당사자의 법적 지위가 그 이후의 입법자의 의사에 의하여 달라져서는 아니 되기 때문이다. 대법원 또한 같은 취지로 판시하였다(대법원 2002. 11. 22. 선고 2001다35785 판결).

〈대법원 2002. 11. 22. 선고 2001다35785 판결의 요지〉

> 계약의 효력에 관하여는 그 체결 당시의 법률이 적용되어야 하고, 계약이 일단 구속력을 갖게 되면 원칙적으로 그 이후 제정 또는 개정된 법률의 규정에 의하여서도 변경될 수 없으며, 예외적으로 입법에 의한 변경을 하거나 계약 체결 후에 제정 또는 개정된 법률에 의하여 계약내용이 변경되는 것으로 해석한다고 하더라도, 그러한 입법 내지 법률의 해석에는 계약침해 금지나 소급입법 금지의 원칙상 일정한 제한을 받는다.

또한 대법원은 "행위 당시에 강행법규 위반으로 무효인 경우에는 그 후에 법령의 규정이 개정되더라도 유효로 되지는 않는다"고 판시하였는데(대법원 1996. 1. 26. 선고 95누8966 판결), 같은 이유에서 당연한 판결이다.

뿐만 아니라 10년 공공임대주택에 관한 대표적인 판결례인 대법원 2012. 7. 12. 선고 2010다36261 판결의 원심 서울고등법원 2010. 4. 8. 선고 2009나64965 판결 또한 '이 사건 조항이 임대주택법의 규정 내용에 따라 그 효력에 영향을 받는다고 한다면, 그 적용 법률은 어디까지나 계약 당시의 법률이 될 수밖에 없다'고 판시하였는데 같은 취지이다.

다. 분양예약 후 분양전환하는 경우의 적용법령

그리고 이러한 법리는 2006년 체결한 주택공급계약이 분양예약의 계약이라고 가정하더라도 마찬가지이다. '예약' 또한 '계약'의 한 종류인바, '예약의 계약'을 원인으로 하는 분양전환의 권리의무관계에 적용되는 법률 또한 당연히 그 예약 체결 당시의 법률이어야 한다. '예약의 계약' 체결 이후에 제정 또는 개정된 법령에 의하여 위 '예약의 계약'에 따른 당사자의 지위가 함부로 변경되는 것은 사적자치의 원칙에 반하기 때문이다.

이와 관련하여 대법원은 '매매예약이 성립한 이후 일시적으로 법률의 제정 및 개정에 의하여 분양이 금지된 적이 있었다고 할지라도 사실심 변론종결 당시까지 다시 그러한 금지가 없어진 이상 이를 이유로 이 사건 매매예약에 기한 매매예약완결권의 행사가 이행불능이라고 할 수는 없다'고 판시한 적이 있다(대법원 2000. 10. 13. 선고 99다18725 판결).

대법원은 위 판결에서 법률의 제정 및 개정에 의하여 분양이 금지되는가의 문제는 위 예약 자체가 유효하게 성립하였는지 여부와는 아무런 관련이 없고, 따라서 예약에 따라 발생한 권리인 예약완결권의 내용과도 관련이 없다고 보았다. 다만 이미 성립한 예약완결권을 법률의 제정·개정 이후에 행사하는 것이 가능한지(이른바 '이행불능' 즉 계약이 유효하게 성립한 이후 생긴 사정으로 인해 계약의 이행이 불가능하게 되는지)가 문제 되는 것이라고 보았다. '예약'을 원인으로 하는 분양전환의 권리의무관계에 적용되는 법률 또한 당연히 그 예약 체결 당시의 법률이라는 점에는 변함이 없는 것이다.

〈대법원 2000. 10. 13. 선고 99다18725 판결의 요지〉

이 사건 사실심 변론종결 당시에 시행되는 현행 유통산업발전법 제2조 제3호에서는 (중략)만 규정하고 있을 뿐, 위 유통산업발전법에 의하여 폐지된 구 도·소매업진흥법(1995. 1. 5. 법률 제4889호) 제2조 제4호와 같이 그 매장의 분양이 허용되지 아니하는 것이라는 규정을 두고 있지 않고, 오히려 위 유통산업발전법 제13조 등에서는 매장이 분양된 대규모점포의 경우에 관하여 규정함으로써 매장의

> 분양을 전제로 하고 있으므로 현행법상으로는 백화점 건물이라고
> 하여 전적으로 분양이 금지되는 것은 아니라고 할 것이다.
>
> 그렇다면 백화점으로 사용되고 있는 이 사건 건물에 관하여 매매
> 예약이 성립한 이후 일시적으로 법률의 제정 및 개정에 의하여 분양
> 이 금지된 적이 있었다고 할지라도 사실심 변론종결 당시까지 다시
> 그러한 금지가 없어진 이상 이를 이유로 이 사건 매매예약에 기한
> 매매예약완결권의 행사가 이행불능이라고 할 수는 없고, 이러한 결
> 론은 위 매매예약 당시에 피고들이 이 사건 각 점포에서 영업하여야
> 할 업종을 특정하고 있다고 할지라도 달라지지 않는다고 할 것이다.

라. 대법원 2009다97079 판결에 대하여

임대사업자 측은 통상 대법원 2011. 4. 21. 선고 2009다97079 판결을 근거로 분양전환의 법률관계에 일률적으로 분양전환 당시 법률이 적용되어야 한다고 주장한다. 그러나 위 판결 결론을 무리하게 확장하여 해석해서는 안 된다.

(1) 기본적으로 위 판결은 분양전환의 법률원인이 법률 규정인 경우에 타당할 수 있다(아래 6.항 참조[38]). 이 판례를 근거로 분양계약 또는 분양예약의 성격을 가진 주택공급계약을 법률원인으로 하는 분양전환에 대해서 분양전환시의 법률을 일률적으로 적용하는 것은 사적 자치의 원칙(대법원 2002. 11. 22. 선고 2001다35785 판결)에 정면으로 저촉되므로 위법하다.

(2) 주택공급계약이 분양예약의 성격을 가지고 있다고 보더라도 마찬가지이다. 분양예약 성립 이후 임대주택법령이 제정 또는 개정되더라도 이는 예약의 성립 또는 효력과는 무관하다. 분양예약 성립 이후 도입된 임대주택법령 규정이 강행규정이라고 하더라도 이미 성립한 매매예약의 효력이 달라지는 것이 아니라, 위 예약에 근거하여 일방 당사자가 가지고 있는 매매예약완결권 행사가 이행불능이 되는지만이 문제될 뿐이다(위 대법원 2000. 10. 13. 선고 99다18725 판결 참조).

즉 위 대법원 2009다97079 판결례는 '계약의 효력에 관하여는 그 체결 당시의 법률이 적용되어야 한다'는 대법원 2001다35785 판결과 모순되지 않는다. 즉 주택공급계약에 적용되는 법령은 위 계약 체결 당시 법령이 맞고, 다만 주택공급계약 체결 이후 임대주택법령이 임차인에게 보다 유리하게 개정된 경우에는 '임차인의 주거 안정'을 목적으로 입법한 임대주택법의 입법취지를 고려하여 개정된 임대주택법을 원칙적으로 적용하는 것이 옳다는 취지이다.

〈대법원 2011. 4. 21. 선고 2009다97079 판결요지[1]〉

【판결요지】
[1] (중략) 개정된 법령의 시행 후에 이루어지는 임대주택의 분양전환에 관한 법률관계에 관하여는 개정된 법령이 적용되는 것이 원칙이다. 다만 개정 전 규정의 존속에 대한 임대사업자의 신뢰가 개정 규정이 이루고자 하는 공익상의 요구보다 더 보호가치가 있다고

인정되는 경우에 그러한 신뢰를 보호하기 위하여 적용이 제한될 여지가 있을 뿐이다.

만일 대법원이 임대주택법령이 임대사업자에게 유리하게 개정된 경우까지 감안하여 2009다97079 판결을 선고하였다면 위 판결요지의 단서 부분과 같이 '임대사업자의 신뢰'만을 언급하지는 않았을 것이다.

또한 위 대법원 2009다97079 판결은 사적자치의 원칙 또한 절대적인 원칙이 아니라는 점을 감안하여 선해할 수도 있다. 대법원은 신의성실의 원칙에 반하는 약관조항은 사적자치의 한계를 벗어나는 것으로서 법원에 의한 내용통제 즉 수정해석의 대상이 된다고 판시하였는데(대법원 1991. 12. 24. 선고 90다카23899 전원합의체 판결), 임대주택법의 입법목적인 '국민의 주거안정' 또한 위 신의성실의 원칙과 마찬가지로 사적자치의 한계를 설정하는 것이라고 볼 수 있다.

〈 대법원 1991. 12. 24. 선고 90다카23899 전원합의체 판결 요지 일부〉

보통거래약관의 작성이 아무리 사적자치의 영역에 속하는 것이라고 하여도 위와 같은 행위원칙에 반하는 약관조항은 사적자치의 한계를 벗어나는 것으로서 법원에 의한 내용통제 즉 수정해석의 대상이 되는 것은 당연하며, 이러한 수정해석은 조항 전체가 무효사유에

> 해당하는 경우뿐만 아니라 조항 일부가 무효사유에 해당하고 그 무효부분을 추출배제하여 잔존부분만으로 유효하게 존속시킬 수 있는 경우에도 가능하다.

즉 대법원 2009다97079 판결례는 임대주택법령이 그 입법목적 달성을 위해 임차인에게 유리하게(임대사업자에게 불리하게) 개정된다면 원칙적으로 개정된 법률을 적용하는 것이 옳다는 원칙을 선언한 것이다. 왜냐하면 대법원은 그 정당성을 '분양전환가격 산정기준을 위반한 임대사업자로부터 임차인을 보호하여 임대주택법령의 입법목적 달성하기 위하여 개정 법령 적용이 부득이하다'는 것으로 논증했기 때문이다. 즉 분양계약 체결 이후 임차인에게 유리하게(임대사업자에게 불리하게) 개정된 임대주택법령을 적용하는 까닭은 바로 임차인을 보호하여 임대주택법령의 입법 목적을 달성하기 위한 것이라는 취지이다.

〈대법원 2011. 4. 21. 선고 2009다97079 판결요지[2]〉

> 【판결요지】
> [2] (중략) 만일 임차인이 구 임대주택법 등 관련 법령이 정한 분양전환가격 산정기준에 따를 것을 요구하면서 분양계약 체결을 거절할 경우 임대사업자가 이를 이유로 임차인의 우선분양전환권을 박탈하고 임대주택을 제3자에게 매각하여 시세 차익을 독점할 수

있게 되는 등 임대주택제도가 임대사업자의 경제적 이익을 위한 수단으로 변질될 우려도 있다. 이는 구 임대주택법의 입법 목적을 본질적으로 침해하는 것이므로, 이를 방지하고 구 임대주택법의 입법 목적을 달성하기 위해서는 구 임대주택법 등 관련 법령에 정한 분양전환가격 산정기준을 위반하여 임대주택을 분양전환한 임대사업자에게 형사적 처벌을 가하는 것만으로는 부족하고 산정기준을 위반하여 정한 분양전환가격에 의한 경제적 이익이 임대사업자에게 귀속되는 것을 금지시킬 필요가 있다. 따라서 분양전환가격 산정기준에 관한 구 임대주택법 등 관련 법령의 규정들은 강행법규에 해당한다고 보아야 하고, 그 규정들에서 정한 산정기준에 의한 금액을 초과한 분양전환가격으로 체결된 분양계약은 초과하는 범위 내에서 무효이다.

(3) 이상 설명한 내용을 요약하면 아래와 같다.

① 계약의 성립과 효력은 그 체결 당시의 법률이 적용되어 결정된다.

② 예약인 계약 역시 마찬가지이다.

③ 주택공급계약(분양계약이든 분양예약이든 관계없이) 체결 이후 임차인에게 유리하게 개정된 임대주택법령 규정이 적용되는 것은 허용된다(대법원 2001다35785 판결에서도 공익목적을 위해 "예외적으로 입법에 의한 변경을 하거나 계약 체결 후에 제정 또는 개정된 법률에 의하여 계약내용이 변경되는 것"이 금지되는 것은

아니라고 보았다).

④ 제정·개정으로 새로 도입한 임대주택법령 규정이 강행규정인 경우, 위 규정 적용 결과 이미 성립한 분양계약상 의무가 (일부 또는 전부) 이행불능이 될 수는 있다. 또는 이미 성립한 분양예약에 따른 예약완결권 행사가 (일부 또는 전부) 이행불능이 될 수는 있다. 그러나 재차 강조하지만 계약의 성립과 효력에 대해서는 기본적으로 그 체결 당시의 법률이 적용되어 (그에 따른 권리의무의 내용이) 결정된다는 점에는 아무런 변함이 없고, 다만 개정된 임대주택법령 적용으로 분양계약 또는 분양예약에 따른 권리의무가 강행법규 적용으로 인하여 (일부 또는 전부) 이행불능이 되는지 여부의 문제만 남는다.

⑤ 물론 개정된 임대주택법령을 적용하더라도, 임대사업자가 가진 계약상 지위를 소급적으로 침해하는 것은 허용되지 않는다. 대법원 2009다97079 판결은 임대사업자를 위한 '신뢰보호 원칙'에 따라 개정된 강행법규 적용이 제한될 수 있다고 보았다(대법원 2001다35785 판결에서도 "계약침해 금지나 소급입법 금지의 원칙상 일정한 제한을 받"는다고 했다).

마. 분양계약 성립시기에 관한 몰이해의 유래

아마도 대법원 2009다97079 판결 선고 이전에 임대의무기간이 5년인 공공건설임대주택의 분양계약이 언제 성립하였는지가 소송에서 주된 쟁점이 된 적은 없었던 것으로 보인다.

1993년부터 주택공급규칙에서는 일정기간의 경과 후 분양전환되는 임대주택을 공급받는 자를 당첨자로 취급해 왔다. 그러나 임대주택법에서는 처음부터 분양을 목적으로 공급되는 임대주택과 그렇지 않은 임대주택을 구별하지 않은 채 일정한 임대의무기간 경과 후 소유권을 이전하는 것에 대해 매각, 분양 또는 분양전환이라는 단어를 혼용했다. 이로 인하여 분양전환에 앞서 분양계약이 성립하는지 여부에 대해서도 줄곧 혼란에 빠져 있었던 것 같다.

그러다가 1999. 1. 28. 임대주택법 시행규칙 별표 2에 분양전환가격 산정규정이 도입될 때 '분양전환 당시에 산정한 당해 주택의 가격'[39)]이라는 용어가 사용되었고 대법원 2009다97079 판결 선고시 무렵에는 급기야 분양전환시에 분양계약이 있다는 오해가 자리 잡게 된 것 같다.

다시 말하자면 1999년 임대주택법 시행규칙 별표 2가 '분양전환 당시에 산정한 당해 주택의 가격' 등이라는 개념들을 이용하여 5년 공공건설임대주택의 분양전환가격 산정기준을 명확하게 규정한 이후 공공건설임대주택의 분양계약은 별다른 의문 없이 마치 분양전환시에 성립하는 것처럼 오해되기 시작한 것 같다. 그러나 위 대법원 판결은 원칙적으로 최초 공급 당시 분양이 없는 임대차계약에만 적용되어야 한다.

주거 기본권과 우선분양전환 제도의 입법목적

가. 주거 기본권과 임대주택법의 관계

우리나라 사람들은 주거에 관한 기본권을 크게 강조하지 않는 경향이 있다. 그러나 의식주에 관한 기본권은 아무리 강조해도 지나치지 않는다. 헌법학자들은 대체로 헌법 제34조 또는 제35조[40]를 근거로 '쾌적한 주거생활권', '주거의 권리', '쾌적한 주거생활에 관한 권리' 등을 인정하고 있다. 예컨대 권영성 교수는 '국가는 국민을 위하여 쾌적한 주거환경을 개발할 의무가 있으며, 국민은 국가에게 주택정책의 수립을 요구할 권리를 가진다'라고 주장했다.[41]

헌법재판소 또한 국민의 주거에 관한 권리를 헌법 제34조, 제35조에 근거한 기본권(인간다운 생활을 할 권리)의 하나로 인정하고, 임대주택법이 위 기본권을 실현하기 위하여 제정된 것으로 보고 있다.

헌법재판소는 「주거는 인간다운 생활을 함에 있어 필수적인 요소이므로, 국가는 양질의 공공주택이나 임대주택을 제공하는 등 적절한 방법으로 국민의 쾌적한 주거생활을 확보함으로써 국민의 인간다운 생활을 보장할 의무가 있고, 임대주택법은 위와 같은 국가의 의무를 실현하기 위한 법률 가운데 하나」라고 판시했다(헌재 2015. 11. 26. 2014헌바416 결정).

요컨대 국가에게는 국민의 쾌적한 주거생활을 확보함으로써 국민의 인간다운 생활을 보장할 의무가 있고, 이에 대응하여 국민에게도 주거생활 안정을 통한 인간다운 생활을 보장 받을 권리가 있으며, 임대주택법은 위 기본권을 실현하기 위하여 제정된 법률이라고 할 것이다.

나. 임대주택법의 입법목적

주택법과 임대주택법은 국민이 헌법 제34조, 제35조에 근거하여 가지는 위 기본권을 실현하기 위하여 도입되었다. 다만 공공임대주택은 일반 공공분양주택의 수분양자에 비해 상대적으로 더 약자인 계층의 주거생활을 보호하기 위해 비교적 더 저렴하게 공급하는 주택으로 설계되었다. 주택법 제1조[42]가 ⓐ 국민의 주거안정 외에도 ⓑ 주거수준의 향상에 이바지함을 목적으로 하고 있는데 반해, 임대주택법 제1조[43]가 ⓐ 국민주거생활의 안정만을 도모함을 주된 목적으로 하고 있는 것이나, 임대주택법 제3조 및 주택법 제6조가 임대주택법을 주택법에 우선하여 적용하도록 한 것 또한 같은 취지 때문이다(특별법 우선의 원칙).

헌법재판소도 「임대주택법의 입법 목적은 주거 문제를 스스로의 경제력에 의해 해결하기 곤란한 경제적 약자 계층에게 생활에 필수적이고 기본적인 조건인 주거기반을 제공하여 주거생활을 안정시키기 위한 것으로 볼 수 있다.」라고 판시했다(헌재 2015. 11. 26. 2014헌바416 결정).

그러므로 임대주택법 제1조의 '임대주택의 건설 촉진'은 '국민주거생활의 안정 도모'와 대등한 수준과 지위의 입법목적이라고 볼 수 없다. '국민주거생활의 안정'은 헌법 제35조 제3항에 근거하여 국민이 가지는 기본권의 내용을 이룸에 비해, '임대주택의 건설 촉진'은 별도의 헌법적 근거가 없으므로 기껏해야 위 기본권 실현을 위한 수단으로서 중간적 입법목적이다.

다. 임대주택법상 우선분양전환청구권의 입법취지

그런데 임대주택법은 경제적 약자 계층에게 주거기반을 제공하여 주거생활을 안정시키기 위한 것이고, 다른 한편으로 '분양'(전환)이란 '소유권 취득'을 요체로 하는 개념이므로, 임대주택법상 우선분양전환제도의 입법목적은 '시가보다 비교적 저렴한 가격에 주택을 소유할 기회를 제공하는 방법으로 주거생활은 안정시키는 것'을 그 본질적인 내용으로 한다.

헌법재판소 또한 같은 취지에서 「임차인에 대한 우선분양전환제도는 무주택 서민들이 저렴한 가격에 내 집을 마련할 수 있는 기회를 제공하는 역할을 담당해 왔다. 현재 시점에서 자력으로 주택을 취득할 수 없는 수요자에게 상당한 기간 저렴한 주거비용으로 안정적인 생활을 하면서 재산을 형성할 수 있는 기회를 제공함과 동시에, 일정기간 경과 후에는 시장가격보다 저렴한 가격에 자가주택을 소유할 기회를 제공하는 것이다. 따라서 임대주택법은 무주택 서민에게 주택을 임대하여 주거생활을 안정시킴과 동시에, 자기 주택의 소유를 촉진하는 역할을 하고 있다.」라고 판시했다(헌재 2015. 11. 26. 2014헌바416 결정).

또한 헌법재판소는「헌법 제35조 제3항은 "국가는 주택개발정책 등을 통하여 모든 국민이 쾌적한 주거생활을 할 수 있도록 노력하여야 한다."라고 하여 국민의 주거생활안정을 위한 택지개발사업 및 주택건설사업의 시행을 국가의 의무로 규정하고 있다. 이러한 국가의 의무이행의 일환으로서 임대주택법은 무주택 서민들에게 시세보다 저렴하게 주택을 공급한다는 목적 아래, 건설임대사업자에게 국민주택기금을 장기·저리로 융자하여 주고 택지를 우선 공급하여 주는 등 각종 혜택을 부여하고 있다. 또한 임대의무기간 중 임대주택의 매각을 제한하고 임대사업자로 하여금 임대보증금에 관한 보증에 가입하도록 하며, 분양전환 이전까지는 임대주택에 저당권, 전세권 등을 설정하지 못하도록 하고 임차인의 자격, 선정방법, 임대보증금, 임대료 등 임대조건에 관한 기준을 별도로 정하는 등 임차인을 보호하기 위한 여러 규정을 두고 있다(헌재 2010. 7. 29. 2008헌마

581등, 판례집 22-2상, 404, 414 참조). 그런데 임대사업자의 부도 또는 파산이 발생한 경우, 국민주택기금 등의 1순위 근저당권 설정 및 소액보증금 보호의 한계 등으로 인하여 임차인의 주거불안 및 경제적 손실을 방지하는 데 일정한 한계가 있으므로(헌재 2011. 11. 24. 2010헌바120, 판례집 23-2하, 312, 319 참조), 임차인들이 우선적으로 분양전환을 받아 그 임대주택에 살 수 있도록 보장하는 것이 필요하다. (중략) 따라서 임대주택의 임차인과 일반 채권자들은 헌법상 동일하게 취급하여야 할 대상이라고 할 수 없다. (중략) 임대주택은 입주자 모집 공고 및 건설 초기 단계부터 일정 기간 경과 후 분양전환이 예정되어 있었던 주택이므로, (임대인이) 임대주택을 경매를 통해 매각할 수 있다는 기대는 보장된다고 하기 어렵다.」라고 판시한 바 있다(헌재 2013. 5. 30. 2011헌바74 결정).

그러므로 임대주택법의 분양전환에 관한 법령의 해석 적용에 있어서는 위 제도가 국민의 주거 기본권(인간다운 생활을 할 권리)을 실현하기 위하여 도입된 점, 그 입법목적이 ① 상당한 기간 안정적인 주거생활 외에 ② 시가보다 저렴한 가격에 자가주택을 소유할 기회 제공까지도 포함하고 있다는 점이 반드시 고려되어야 한다.

6

임차인은 무슨 근거로 분양전환청구권을 행사할 수 있나

가. 최초 주택공급계약 vs 법률 규정

누구에게 어떤 권리가 있다면 그 권리에는 반드시 법적 근거가 있다. 법적 근거 없이 무슨 권리가 나오지는 않는다. 법적 근거가 무엇인가에 따라 그 권리의 성격과 내용이 완전히 달라진다. 그러므로 법적 근거가 무엇인지는 매우 중요하다. 그러니 당연히 물어 보아야 한다. 판교의 10년 공공임대주택 임차인들이 분양전환을 청구할 권리가 있는가. 있다면 그 법적 근거는 무엇인가.

필자는 임차인들이 임대인을 상대로 분양전환을 청구할 권리를 가지고 있고 그것은 기본적으로 최초 주택공급계약(본계약 또는 예약의 계약)에 근거한 것이라고 주장하고 있다. 즉 분양전환청구권은 최초 주택공급계약에 근거한다.

다만 어떤 청구권이 반드시 계약에 근거해서만 발생하는 것은 아니다. 계약이 없이, 법률에 직접 근거하여 청구권이 성립하는 경우도 있다. 예컨대 민법 규정에 직접 근거하여 발생하는 청구권으로서 부당이득반환청구권(제741조 이하 참조), 불법행위로 인한 손해배상청구권(제750조 이하 참조) 등을 들 수 있다. 그리고 법률 규정에 근거한 청구권과 계약에 근거한 청구권이 모두 인정되는 경우, 원칙적으로 이 청구권들은 서로 독립하는 별개의 권리이므로 서로 경합하는 관계에 있다(즉 두 권리 모두 인정된다. 그러나 어느 하나의 권리를 행사하여 만족을 얻었다면 그 만족된 범위 내에서 두 개의 권리는 모두 소멸한다. 또한 권리자가 어느 하나의 권리에 관한 소를 제기하여 승소 확정판결을 받았다고 하더라도, 아직 권리의 만족을 얻지 못한 경우에는, 다른 나머지 권리에 관한 이행판결을 얻기 위하여 그에 관한 이행의 소를 제기할 수도 있다[44]).

그렇다면 판교 공공임대주택 임차인들이 ① 최초 주택공급계약(본계약 또는 예약의 계약)에 근거한 분양전환청구권 외에도 ② 법률 규정에 근거하는 분양전환청구권을 가지고 있다고 볼 수 있는가. 대답은 '그렇다'이다. 임차인들의 분양전환청구권의 법적 근거(법률원인)를 임대주택법에서도 찾을 수도 있다.

임대사업자 측은 대체로 최초 주택공급계약이 분양전환의 법률원인이 아니라는 입장이므로, 만일 임차인에게 분양전환청구권이 인정되어야 한다면, 그 법률원인은 결국 법률 규정이 될 수밖에 없다. 여기서 법률 규정이란 예컨대 구 임대주택법 제21조 제1항, 제8항[45][46])을 들 수 있다.

이렇게 임대 후 분양전환을 할 목적으로 건설한 공공건설임대주택에 대한 분양전환의 법률원인을 구 임대주택법 제21조 제1항으로 본다면, 위 규정은 위 임대주택에 관하여 특별히 일정한 임차인들에게 우선분양전환을 요구할 공법상 권리를 인정한 것이 된다. 그리고 임대사업자는 임차인의 공법상 권리인 분양전환청구권 행사에 대응하여 분양전환계약을 체결할 의무가 있으므로, 위 임대사업자의 의무 또한 공법적인 것이 된다.

　참고로 처음부터 분양을 목적으로 공급되지 않는 영구임대주택 등도 구 임대주택법 제16조 제1항 각호[47]에 정한 임대의무기간이 지난 후에는 분양전환이 가능하다. 위 영구임대주택 등의 경우 임대사업자는 임대의무기간이 지난 후 분양전환을 할 수도 있고, 하지 않을 수도 있다. 다만 임대사업자가 분양전환을 결정한 경우에는, 반드시 같은법 제21조 제1항 각 호의 어느 하나에 해당하는 임차인에게 우선 분양전환을 해야 한다. 그러므로 임대의무기간이 지난 후 임대사업자가 분양전환을 결정한 위 영구임대주택 등의 경우 위 우선양전환대상자인 임차인 입장에서 분양전환을 요구할 법적 근거는 오직 구 임대주택법 제21조 제1항이 된다(주택공급계약은 법적 근거가 될 수가 없다).

나. 분양전환의 본질

　분양전환의 법률원인이 위와 같이 서로 다르므로 그 본질 또한 상반된다. ① 그 법적 근거가 주택공급계약이라면 분양전환은 주택공급계약에 정한 계약상 의무를 상호 이행하는 것(분양전환=분양계약의 이행)이다. 그러나 ② 분양전환청구권의 법적 근거가 단순히 법률 규정에만 근거한다면 분양전환은 임대사업자와 임차인 사이에 새로운 분양전환계약을 체결하는 것(분양전환=분양계약의 체결)이 될 것이다.

다. 분양전환의 법적 성격

① 분양전환청구권의 근거가 주택공급계약이라면 분양전환의 법적 성격은 사법상 행위(사법상 권리의무관계의 이행)이다. 다만 그 법률관계에 대해 무주택 서민의 주거안정을 위하여 도입된 임대주택법령 및 주택법령에 의한 공법적 제한을 받게 된다(대표적으로 분양전환가격 제한규정으로서 임대주택법 시행규칙 별표 1이 적용됨). 특히 주택법과 임대주택법의 입법목적, 취지 등을 고려해 볼 때 분양가격 또는 분양전환가격에 관한 공법상 규제는 대체로 강행법규[48]의 성격을 가진다. 즉 이러한 규정을 위반한 계약 조항은 무효라고 보는 것이 타당하다. 다만 그 계약 전부를 무효로 할 것인지 문제되나 적어도 분양전환가격 산정기준에 의한 금액을 초과한 분양전환가격으로 체결된 분양계약은 그 초과하는 범위 내에서만 이를 무효로 함이 마땅하다(대법원 2011. 4. 21. 선고 2009다97079 전원합의체 판결[49] 참조).

② 이에 반해 분양전환청구권의 법적 근거를 위와 같이 구 임대주택법 제21조 제1항 등에서 찾는다면 그 법적 성격이 사법관계인지

의문이 제기될 수 있다. 주택공급계약에 근거한 분양전환청구권이 인정되지 않는 경우에 구 임대주택법 제21조 제1항 등이 규정한 분양전환청구권의 법적 성격은 기본적으로 공법상 권리이다. 그러나 계약에 근거한 분양전환청구권과 법률 규정에 근거한 청구권 둘 다가 인정되는 경우에는, 어느 청구권을 행사하여 분양전환이 되든지 관계없이 그 법률관계는 기본적으로 사법관계라고 봄이 옳다.

라. 각각의 대법원 판결례

분양전환청구권이 법적 근거가 구 임대주택법인 경우의 판결례를, 그 법적 근거가 주택공급계약인 경우의 사례에 원용할 수는 없을 것이다.

상당수 대법원 판결례는 분양전환의 법률원인이 법률의 규정(예컨대 위 임대주택법 제21조 제1항)인 사건에 대한 것으로 보인다. 그러나 대법원 판결례 중에는 분양전환의 법률원인이 계약(제목이 '임대차계약서'인 주택공급계약)인 경우도 있다(대법원 2006. 8. 25. 선고 2006다14103 판결[50]). 필자는 원칙적으로 분양전환청구권의 근거를 주택공급계약으로 제시하고 있으므로, 대법원 2006. 8. 25. 선고 2006다14103 판결 이외의 판결례는 필자의 주장에 부합하지 않을 수 있다.

7

분양전환가격은 어떻게 결정되나

가. 임대주택과 분양주택의 성격을 동시에 가진 주택

판교에 공급된 10년 공공임대주택은 일반적인 영구임대주택이나 분양주택과는 성격이 달랐다.

〈영구·국민임대주택, 분양주택과의 비교〉

	영구임대주택 국민임대주택	분양주택	10년 공공건설임대주택
계약의 성질	임대차계약	분양(매매)계약	분양(매매)이 주가 되고 임대차계약이 부가된 혼합계약
입주자 모집요건	무주택세대주로서 기초수급자 등	공통	
분양의 존부	임대차 (분양이 없음)	분양	분양 + 임대차

	영구임대주택 국민임대주택	분양주택	10년 공공건설임대주택
청약저축 실효 재당첨제한	청약저축유지	공통 (청약저축 실효되며, 재당첨제한을 받음)	
제세공과금	-	공통 (입주자가 입주시점부터 제세공과금 전액 부담)	
분양가	없음	공통(분양가 상한제 적용)	
분양전환 가격	임대의무기간 후 임대인이 분양전환을 결정한 경우 분양되며, 분양조건은 임대주택법령에 따름	분양가	분양가격 (단, 분양가격은 분양전환시 감정평가금액을 초과할 수 없음)
분양대금 지급	임대의무기간 후 임대인이 분양전환을 결정한 경우 분양되며, 분양조건은 임대주택법령에 따름	입주시 분양잔금 완납	입주시까지 임차보증금 겸 분양대금 일부 납부, 10년 후 잔금 완납

판교 10년 공공임대주택에 대한 주택공급계약은 주택의 '분양'을 주된 목적으로 체결하되, 다만 (일반적인 공공분양아파트보다 경제적 지위가 상대적으로 더 열악한 수분양자들이 10년의 임대차기간 동안 저렴한 임대료를 납부하면서 잔금을 마련하도록 하는 취지에서) 소유권이전에 앞서 존속기간을 10년으로

하는 임대차를 앞세운 것인데, 계약서 작성 당시에는 위 임대차계약으로서의 성격이 외관상 전면으로 드러난 관계로 계약서의 표제도 '임대차계약서'라고만 기재되어 있을 뿐이다.

그러므로 그 주택공급계약은 분양(매매)이 주가 되고 여기에 임대차계약이 부가된 이른바 '혼합계약'이라고 할 수 있다.

나. 분양주택으로서 구 주택법 제38조의2 분양가격 규제가 적용

반복하여 강조한 바와 같이 10년 공공임대주택 임차인들은 그 주택의 당첨자로서 주택공급계약을 체결했고 주택공급계약서 내용에도 일정한 시기가 도래하면 확정적으로 분양전환(매각)한다는 취지로 규정되어 있었다. 주택공급계약 체결시 이미 분양계약 또는 분양예약의 계약이 성립한 것이다.

이렇게 최초 주택공급계약 체결 당시 분양계약 또는 분양예약의 계약이 성립한 이상 위 주택의 분양주택으로서의 성격은 당시 이미 확정되어 있었다고 볼 수밖에 없다. 그리고 임차인들이 위 주택공급계약에 근거한 분양전환청구권을 행사하는 이상 그 법률관계에 적용될 법령은 위 주택공급계약 체결 당시의 법령이 된다. 따라서 위 계약 체결 당시 분양주택에 일반적으로 적용되었던 구 주택법 제38조(주택의 공급), 제38조의2(주택의 분양가격 제한 등)[51] 등이 위 주택에도 당연히 적용되었다고 보아야 한다(대법원 2006. 6. 29. 선고 2005다41603 판결 등 참조).

그리고 위 결론은 임차인이 위 주택공급계약이 아닌 법률 규정(구 임대주택법)에 근거하여 분양전환청구권을 행사하더라도 달라지지 않는다고 보아야 한다. 분양전환의 법률원인이 법률 규정이라고 하더라도 적어도 주택공급계약을 통해 분양계약 또는 분양예약의 계약이 성립한 사실은 부정할 수가 없고, 따라서 위 분양계약 또는 분양예약의 계약 체결을 통해 위 주택의 분양주택으로서의 성격은 확정되어 있었다는 사실 또한 변하지 않기 때문이다.

요컨대 위 주택의 분양주택으로서의 성격이 최초 주택공급계약 체결 당시 확정된 이상 최초 계약자(수분양자) 또는 그 법률상 지위를 승계한 임차인[52]은 구 주택법 제38조(주택의 공급), 제38조의2(주택의 분양가격 제한 등) 등에 위반되지 않는 조건(주택가격 등)으로 해당 주택을 분양 받았거나 분양 받을 것으로 당연히 예정되어 있었다고 해석할 수밖에 없다.

대법원은 국가계약법에 따른 낙찰자 결정의 법적 성격이 편무예약이라고 보고 위 낙찰자 결정을 통해 계약의 주요한 내용과 조건이 이미 확정된 이상 사후에 위 내용 또는 조건을 입찰공고와 달리 변경하거나 새로운 조건을 추가하는 것은 이미 성립된 예약에 대한 승낙의무에 반하는 것으로서 특별한 사정이 없는 한 허용될 수 없다고 판시했다(대법원 2006. 6. 29. 선고 2005다41603 판결[53]). 판교 10년 공공임대주택 또한 마찬가지로 보아야 한다. 즉 위 주택이 최초 당첨 당시 분양주택(일정 기간 경과 후 분양전환하기로 확정된 주택)임에는 별다른 의문이 없고 임차인들이 주택공급규칙에 따라 당첨자로 결정된 이상 위 당첨 당시 분양계약의 주요한 내용과 조건이 이미 확정되었으므로 사후에 위 내용 또는 조건을 기존의 입주자모집공고 또는 당시 시행중인 주택법 규정과 달리 변경하거나 새로운 조건을 추가하는 것은 이미 성립된 예약에 대한 승낙의무에 반하는 것으로서 특별한 사정이 없는 한 허용될 수 없는 것이다.

다. 구 임대주택법에 특별규정이 존재하는지

구 주택법과 구 임대주택법은 모두 '국민의 주거안정'을 주된 입법 목적으로 하여 제정된 법이다. 다만 공공임대주택은 사회적으로 비교적 더 열후한 지위에 있는 약자를 보호하기 위해 공급되는 주택임을 감안하여 구 임대주택법 제3조 및 구 주택법 제6조는 임대주택법을 주택법에 우선하여 적용하는 것으로 정했다.

따라서 구 주택법과 비교하여 구 임대주택법에 임차인에게 보다 유리한 내용의 규정이 마련되어 있다면 위 두 법의 관계를 감안할 때 위 임대주택법령이 위 주택법에 대한 특별규정으로서 특별법 우선의 원칙에 따라 주택법에 우선하여 적용될 수 있다고 해석된다.

그런데 구 임대주택법령에는 일반법인 구 주택법 38조의2에 대한 특별규정(분양전환가격의 제한규정)이 존재한다. 즉 구 임대주택법 시행규칙 별표 1 적용 분양전환가격('최초 입주자모집 당시의 주택가격')이 구 주택법 제38조의2가 규정한 상한가격보다 더 낮을 수 있었기 때문이다. 전자가 후자보다 더 낮았던 결정적인 이유는 택지비 때문이다. 공공임대주택 부지는 분양주택에 비하여 최대 40%까지 저렴하게 공급받기 때문에 택지비에서부터 큰 차이가 난다(자세한 내용은 8.의 차.항을 참조).

즉 구 임대주택법에 따르면 분양전환가격은 ① '최초 입주자모집 당시의 주택가격'(건설원가)으로 일단 정해지고{주택공급계약 체결 당시의 임대주택법 시행규칙 제2조의3 제1호, 제3호, 제3조의3 제1항[54], [별표 1][55]의 2. 가. (1)항 참조}, 다만 ② 위 분양전환가격은 [별표 1] 1. 가.항에 따라 분양전환 당시의 '감정평가금액(시가)'을 초과할 수 없다'는 제한을 중복적으로 받게 되는 것이다.

그러므로 구 임대주택법령 규정은 구 주택법 제38조의2(주택의 분양가격 제한 등)에 대하여 특별법의 관계에 있다. 그리고 일반법인 구 주택법 제38조의2(주택의 분양가격 제한 등)는 위 특별법인 임대주택법령(위 ①항과 ②항)에 모순되지 않는 범위 내에서 '국민의 주거안정'이라는 입법목적을 위하여 여전히 적용될 수 있다.

라. 임대주택법 시행규칙 별표 1의 '감정평가금액을 초과할 수 없다'는 규정(상한규정)이 구 주택법 제38조의2의 특별규정이 될 수 없는 이유

구 임대주택법 시행규칙 [별표 1]의 1. 가.항은 '임대의무기간이 10년인 경우 분양전환가격은 감정평가금액을 초과할 수 없다'고 규정하고 있었다(아래에서는 '상한규정'이라고 약칭한다). 그런데 대법원은 구 임대주택법상 시행규칙 [별표 1] 중에 10년 공공임대주택의 분양전환가격에 대해서는 위 상한규정만이 적용된다는 전제에서, 위 상한규정이 구 주택법 제38조의2의 특별규정이라는 이유로 후자의 규정이 적용되지 않는다고 판결한 것으로 보인다. 그러나 그 판단은 잘못이다.

〈대법원 2012. 7. 12. 선고 2010다36261 판결 중 일부〉

> 구 임대주택법 제15조 제3항 구 임대주택법 시행령, 제13조 제3항, 구 임대주택법 시행규칙 제3조의3 등은 이 사건 아파트와 같은 공공임대주택의 분양전환가격에 관하여 상세히 규정하고 있다. 이러한 법령의 내용에 비추어 보면, 이 사건 아파트에 대해서는 구 주택법 제38조의2 제1항에서 정한 분양가 상한제가 적용되지 않는다고 할 것이다.

⑴ 모순 없이 두 규정 모두 적용 가능하다.

위 상한규정과 구 주택법 제38조의2는 어느 한 규정이 다른 규정의 적용을 배척하는 관계가 아니다. 두 규정은 공히 가격의 상한을 정하는 취지이므로 이론상 두 규정 모두 적용될 수 있다.

⑵ 상한규정만 적용된다고 할 경우 평등권을 침해하고, 임대주택법과 주택법의 입법목적을 위배하며, 임대주택법을 우선 적용하도록 한 입법취지를 몰각한다.

더 낮은 가격을 상한으로 정하는 규정(구 주택법 제38조의2)을 적용하는 것이 당연히 주택을 공급받는 자(임차인)에게 유리하다. 이를 반대로 해석하는 것은 합리적 이유 없이 일반 수분양자에 비해 이 주택의 수분양자를 현저하게 불리하게 취급하는 것이다. 이는 헌법상 평등권을 침해하고, 국민의 주거안정을 위해 도입한 주택법 및 임대주택법의 입법취지에 위배될 뿐만 아니라, 경제적으로 보다 약자인 계층의 주거안정을 보호하기 위해 도입된 임대주택법을 주택법의 특별규정으로 규정한 입법취지도 몰각한다.

① 구 주택법 제38조의2 적용 분양가격(이하 '분양가 상한제 적용가격'이라고 약칭)은 감정평가금액(시가)에 현저히 못 미치는 금액이었고 앞으로도 그럴 것이다. 분양가 상한제 적용가격이 감정평가금액(시가)을 초과한다면 위 제도는 무익한 것이다. 이처럼 위 상한규정에 따른 가

격(감정평가금액)이 구 주택법 제38조의2에 따른 분양가격보다 훨씬 더 높기 때문에, 위 상한규정을 후자의 특별규정으로 해석하여 후자의 적용을 배제하는 것은 위 임대주택의 수분양자를 일반 공공분양주택의 수분양자와 비교하여 볼 때 합리적인 이유 없이 현저하게 차별하는 것이 되어 헌법상 평등권을 침해하는 위헌적인 해석이다.

② 헌법재판소는 「임대주택법의 입법 목적은 주거 문제를 스스로의 경제력에 의해 해결하기 곤란한 경제적 약자 계층에게 생활에 필수적이고 기본적인 조건인 주거기반을 제공하여 주거생활을 안정시키기 위한 것으로 볼 수 있다.」라고 판시했다(헌재 2015. 11. 26. 2014헌바416 결정). 또한 주택법 제1조는 ⓐ 국민의 주거안정 외에도 ⓑ 주거수준의 향상에 이바지함까지 목적으로 하고 있는데 반해, 임대주택법 제1조는 ⓐ 국민주거생활의 안정만을 도모함을 주된 목적으로 하고 있다. 그러므로 임대주택법 제3조 및 주택법 제6조가 임대주택법을 주택법에 우선하여 적용하도록 한 것은 일반 공공분양주택의 수분양자에 비해 경제적으로 약자인 계층의 주거생활의 안정을 더욱 강하게 보호하기 위한 취지로 이해함이 마땅하다.

그러므로 구 임대주택법상 시행규칙 [별표 1] 중에 10년 공공임대주택의 분양전환가격에 대해서는 위 상한규정만이 적용된다는 전제 하에서 위 상한규정을 구 주택법 제38조의2의 특별규정으로 적용한다면, 이는 일반 분양주택의 수분양자보다 경제적으로 더 약자 계층인 10년 공공임대주택의 임차인을 합리적 이유 없이 현저히 불리하게 차별하는 것(헌법상 평등권 침해 및 평등원칙 위반)이 될 뿐만 아니라, 임차인(국민)의 주거 안정을 목적으로 하는 임대주택법 및 주택법의 입법목적에 반하며, 경제적 약자 계층의 보호를 위해 임대주택법을 주택법에 우선하여 적용하도록 한 임대주택법 제3조 및 주택법 제6조[56]의 취지에도 크게 위반된다.

③ 또한 설령 임대주택법이 주택법의 특별법이라고 하더라도, 임대주택법(특별법)이 규율하지 않는 사항 중에서 임대주택에 적용될 수 있는 성격의 규정이 주택법이 존재한다면, 일반법인 주택법은 특별규정인 임대주택법에 모순되지 않는 범위 내에서 주거 안정이라는 두 법률 모두의 입법목적 달성을 위하여 여전히 적용될 수 있다. 그리고 앞서 설명했듯이 구 임대주택법상 시행규칙 [별표 1] 중에 10년 공공임대주택의 분양전환가격에 대해서는 위 상한규정만이 적용된다고 전제한다면, 위 상한규정 적용 가격(감정평가금액)이 구 주택법 제38조의2 적용 가격보다 더 높기 때문에, 후자의 규정은 '임대주택법이 규율하지 않는 사항 중에서 해당 임대주택에 적용될 수 있는 성격의 일반규정'에 해당된다. 왜냐하면 ① 전자의 상한규정만 적용하는 경우보다는 ② 전자의 상한규정과 함께 후자의 구 주택법 제38조의2를 동시에 적용하는 것이 임대주택 분양전환가격을 보다 더 낮출 수 있으므로 일반 공공분양주택의 수분양자에 비해 상대적으로 더 약자인 계층의 주거생활의 안정을 더욱 강하게 보호하기 위한 임대주택법 제3조 및 주택법 제6조의 취지에도 부합하고, 주택법 및 임대주택법의 공통의 입법목적인 '국민의 주거안정'을 보다 더

원활하게 달성할 수도 있기 때문이다.

④ 따라서 구 임대주택법상 시행규칙 [별표 1] 중에 10년 공공임대주택의 분양전환가격에 대해서는 위 상한규정만이 적용된다고 전제한다면 구 주택법 제38조의2는 위 상한규정과 함께 동시에 10년 공공임대주택에 적용될 수 있는 규정이라 보아야 한다.

⑶ **구 주택법 제38조의2 적용 없이 위 상한규정만 적용할 경우 상한규정은 아무런 규범력이 없다.**

구 임대주택법상 시행규칙 [별표 1] 중에 10년 공공임대주택의 분양전환가격에 대해서 오직 위 상한규정("임대의무기간이 10년인 경우 분양전환가격은 감정평가금액을 초과할 수 없다")만이 적용된다고 볼 수는 없다.

통상 임대사업자 측은 위 상한규정을 근거로 '임대사업자가 감정평가금액을 초과하지 않는 범위 내에서 분양전환가격을 자유롭게 결정할 수 있다'는 취지로 해석한다.

임대사업자 주장에 따르면 임대사업자가 위 규정을 위반하여 분양전환가격을 책정한 결과 '분양전환가격이 감정평가금액을 초과한다면 그 초과되는 범위 내에서 분양전환계약은 무효'라는 취지가 된다(대법원 2009다97079 판결 참조). 그러나 이러한 경우는 실제로 있을 수 없다. 감정평가금액은 시가를 반영하고[57], 시세 이상으로는 그 누구도 분양전환을 받지 않으려고 할 것이기 때문이다. 아무리 노력해도 위반할 수가 없는 의무를 법규로 도입한 이유는 도대체 무엇일까? 필자는 아무리 생각해도 답을 알 수 없다.

공공임대주택은 사업주체가 정한 분양전환가격으로 공급되는 것이어서 공급 받는 자의 의사가 반영될 가능성이 없고, 이처럼 시세 이상으로는 분양전환이 애초에 불가능하기 때문에, 임대사업자가 감정평가금액 이내에서 분양전환금액을 자유롭게 정할 수 있다고 해석하는 것은 그냥 '분양전환가격은 임대사업자가 마음대로 정해도 된다'고 규정하는 것과 다를 바가 없다. 위 주장에 따르면 위 상한규정은 아무런 규범적 의미를 가지지 않는다는 결론에 이르게 된다.

그리고 이러한 해석론은 위 주택의 공공분양주택으로서의 공공성·공익성을 사실상 완전히 포기하는 것이 되고 '국민주거생활의 안정 도모'라는 주택법 및 임대주택법의 입법취지를 몰각하며(제1조 위반), '대통령령에 시세보다 저렴하도록 분양전환가격을 정하라'고 위임한 임대주택법 제21조 제10항, 제4항에 역시 위반된다. 뿐만 아니라 위 임대주택법 및 주택법이 국민의 주거에 관한 기본권을 보호하기 위하여 제정되었다는 점에서 볼 때 위 해석론은 헌법에 의해 보장되는 주거 기본권 및 인간다운 생활을 할 권리 역시 침해하는 위헌적 해석이라 할 수 있다.[58]

분양가 상한제 적용의 다른 근거들

가. 분양주택만 주택공급규칙의 재당첨제한을 받는다.

10년 공공임대주택 임차인들은 당첨자로서 주택을 공급 받았으므로 2006년 당첨 즉시 재당첨제한의 재제를 받았다. 당시 주택공급규칙 제23조는 제1항은 "분양가 상한제 적용주택에 당첨된 자의 세대에 속한 자는 다음 각 호의 어느 하나에 해당하는 기간 동안 다른 분양주택의 입주자로 선정될 수 없다."고 규정했다. 임차인들이 위 재당첨 제한을 받았다는 말은, 그들이 곧 '분양가 상한제 적용주택에 당첨된 자' 즉 '분양주택을 공급받은 자'임을 의미한다. '분양주택을 공급받은 자'가 체결한 주택공급계약은 분양계약일 수밖에 없다.

나. 분양가 상한제 적용주택이 아니었다면 임차인들은 주택공급계약을 체결할 이유가 없었다.

임차인들의 이야기를 들어 보면 대체로 주택공급계약을 체결할 당시 자신이 '분양가 상한제 적용주택에 당첨된 자'로서 수분양자의 법적 지위를 확정적으로 취득하였다고 생각한 것으로 보인다. 그렇기 때문에 청약예금을 상실당하고 5년 동안 재당첨이 제한되는 불이익(구 주택공급규칙 제23조)을 감수한 것이다. 일부 임차인들은 당시 입주자모집공고에 '분양전환금액은 감정평가금액이다'라는 취지의 내용을 보았으나 2003년~2004년초까지 많은 언론보도로 해당 임대주택에 당연히 분양가 상한제가 적용된다고 알고 있었기 때문에 특별히 주의를 기울이지 않았다고 한다. 안타깝게도 '감정평가금액'이 '시가'인 줄 몰랐다는 임차인들도 다수 있었다. 대법원 또한 감정평가금액이 시가보다 낮은 금액(대법원 2012. 7. 12. 선고 2010다36261 판결[59])이라고 할 정도이니, 임차인들이 그것을 몰랐다고 비난할 수만은 없다.

게다가 그 무렵 아파트 가격이 폭등한 것은 공지의 사실이며, 지난 수 십 년간 아파트 가격이 일반적인 물가상승률(임금상승률)보다 훨씬 크게 상승되어 왔다는 것은 누구나 이해하는 기초적인 부동산 상식이다.

그렇기에 만일 임차인들이 주택공급계약 체결 당시 임대사업자로부터 '분양가 상한제 적용주택이 아니다', '분양전환가격이 임대의무기간 10년 경과 후의 시가로 정해진다'는 설명을 명확하게 들었다면 아무도 주택을 당첨 받지 않았을 것이다.

유력한 논문[60] 또한 임대분양시의 예약완결권이 부여된 경우 그 행사에 따른 매매가격은 최초 공급시 기준이라고 보고 있다.

〈"편무·쌍무예약의 법적 쟁점" 중 일부〉

> 거래계에서는 편무예약보다는 일방예약이 더 널리 활용되고 있다. 그 효용성은 여러 가지로 나타나는데, 예컨대 상가임대분양을 하면서 임대기간 만료시 임차인에게 매매예약의 완결권을 부여하는 사례에서 보듯이, 상대방에게 장차 여건이 유리해질 경우에 본계약의 체결 여부를 선택할 수 있는 선택권을 부여하면서 계약체결을 촉진하는 기능을 담당한다.

위 논문에서는 임대분양에서 매매예약 완결권을 '장차 여건이 유리해질 경우에 본계약의 체결 여부를 선택할 수 있는 선택권'이라고 기재했다. 여기서 '장차 여건이 유리해질 경우'란 예컨대 인근 상권형성 등의 원인으로 시세가 상승하는 경우를 말하는 것으로 보인다. 논문은 예약완결권 행사시 매매가격이 최초 공급시 기준 가격임을 전제로 하고 있는 것이다. 판교 10년 공공임대주택 또한 마찬가지로 '임대분양'으로서 만일 임차인들에게 예약완결권이 인정된다면 그 행사에 따른 매매가격 역시 최초 공급 당시의 주택가격이라고 보는 것이 당사자의 진정한 의사와 거래의 기본적인 통념에 부합하는 것이다.

다. 건설교통부고시「임대주택의 표준임대보증금 및 표준임대료」

건설교통부 고시「임대주택의 표준임대보증금 및 표준임대료」(2004. 4. 2. 제2004-70호)는 10년 공공임대주택의 주택분양가를 건설원가에 기초하여 산정한다고 명시했다. 해당 규정의 주요 내용은 아래와 같다.

> 1. 적용범위
> 　이 고시는 주택법 제16조의 규정에 의하여 사업계획승인을 얻어 건설한 공공건설임대주택 중 임대의무기간이 5년 또는 10년인 임대주택에 대하여 적용한다.
> 2. 표준임대보증금
> 　표준임대보증금은 건설교통부장관이 정하는 공급조건에 의하여 산출한 주택분양가(이하 "건설원가"라 한다)에서 국민주택기금 융자금(이하 "기금"이라 한다)을 공제한 금액의 100분의 50에 해당하는 금액으로 한다.
> 3. 표준임대료
> 　표준임대료는 당해 주택에 대한 감가상각비, 수선유지비, 화재보험료(재해보험료 등), 제세공과금(단, 임대의무기간이 10년인 임대주택의 경우에 한한다), 기금이자, 사업주체의 자체자금에 대한 이자 중 일정비율에 해당하는 금액(이하 "자기자금이자"라 한다)을 합한 금액으로 하며, 각 항목별 산출기준은 다음과 같다. (중략)

> 라. 제세공과금 : 재산세 및 종합토지세, 도시계획세 등 부가세를 포함
>
> 마. 자기자금이자 (중략)
>
> ② 임대의무기간이 10년인 임대주택
>
> 당해 주택의 건설원가에서 기금 및 최초 임대보증금을 공제한 금액에 정기예금이율을 적용한 이자액에 해당하는 금액 (이하 생략)

위 고시에 따르면 10년인 공공임대주택의 분양가격은 기본적으로 구 임대주택법 시행규칙 별표 1이 규정한 '최초 입주자모집 당시의 주택가격'임이 재차 확인된다.

구체적으로 살펴보면, ① 임대의무기간이 10년인 공공건설임대주택에 대해서도 '주택분양가'가 존재하는 점, ② 위 임대주택의 주택분양가(건설원가)는 '건설교통부장관이 정하는 공급조건'에 의하여 산출하는데 위 공급조건이란 당시 시행 중인 임대주택법 시행규칙 별표 1을 의미하는 점, ③ 위 별표 1에 따르면 건설원가는 최초 입주자모집당시의 주택가격에 자기자금이자[61]를 더하고 감가상각비를 공제하여 산출되는 점 등이 확인된다. 즉 판교 공공임대주택 공급 당시 건설교통부 고시에 따르면 10년 공공임대주택의 '주택분양가'는 '최초 입주자 모집 당시의 주택가격'에서 자기자금이자를 더하고 감가상각비를 공제하여 산출되는 것으로 규정되어 있었다.[62]

라. 대한주택공사의 2008. 12. 30.자 분양규정

판교 10년 공공임대주택 임대사업자 중 하나인 대한주택공사(현재 '한국토지주택공사')는 2008. 12. 30. 분양규정을 제정하였는데, 위 분양규정에 아래와 같은 내용을 두었다.

> 제1조(목적) 이 규정은 공사가 분양하는 주택, 상가, 복리시설, 복리시설용지, 상업용지, 근린생활시설용지, 공공시설용지, 단독주택건설용지 등의 분양방법과 그 절차 등에 관하여 필요한 사항을 정함을 목적으로 한다.
> 제10조(임대주택의 분양) 임대주택의 분양시기, 절차 및 대상자 등은 「임대주택법」이 정하는 바에 의한다.
> 제11조(임대주택의 분양가격 결정) ①임대주택을 분양하는 경우의 주택가격은 임대주택법과 다음 산식에 따라 계산한 원가를 기초로 하여 정한다.
> 산식) 건설원가 - 감가상각충당금 + (건설원가 - 융자금 - 임대보증금) × 국민주택기금 이율×임대기간
> ②제1항에 의한 주택가격이 지역간 불균형 또는 실거래가격과 현저한 차이가 있다고 판단되는 경우에는 다음 각호를 감안하여 조정할 수 있다.
> 1. 「지가공시 및 토지등의 평가에 관한 법률」에 의한 2인 이상의 감정평가업자가 주택을 평가한 평가액의 산술평균금액
> 2. 인근 유사주택의 거래가격, 분양가격 또는 분양전환가격

> 제12조(준용규정) 임대주택의 분양에 관하여 이 장에 정함이 없는 경우에는 「주택공급에 관한 규칙」을 준용한다.

위에서 보듯이 한국토지주택공사는 위 분양규정 제정을 통해 10년 공공임대주택의 분양가격이 위 임대주택법 시행규칙 별표 1과 같이 '건설원가에서 최초 입주자모집 당시의 주택가격에 자기자금이자를 더하고 감가상각비를 공제하여 산정된다'는 점을 재차 분명히 했다. 위 분양규정 제11조 제1항의 산식은 위 별표 1과 위 건설교통부 고시(2004. 4. 2.자 건설교통부 고시 제2004-70호)의 내용과 일치한다.

마. 성남시장이 입주자모집공고안 승인시 분양가 상한제 적용을 명시했다.

성남시장은 2006. 3. 28. 민간 4개 임대사업자들에게 '공공임대아파트 입주자 모집공고 승인통보'를 했다. 특히 A건설사에 대한 승인통보서 말미에 '입주자모집공고안'이 첨부되어 있었는데, 그 앞부분은 아래와 같았다.

〈입주자모집공고안 중 일부〉

성남 판교지구   임대아파트 임차인 모집공고(안)

■ 성남 판교신도시 공공임대 아파트는 수도권 정비계획법에 의거 과밀억제 권역 내 투기과열지구에 해당되며 대규모 택지지구에 건설되는 분양가 상한제 아파트에 해당되므로 아래와 같은 관계법령의 기준으로 공급되오니 청약신청자는 착오 없이 신청바랍니다.
■ 성남 판교신도시 청약접수는 인터넷 신청접수를 원칙으로 하되, 인터넷 사용불가능자 및 노약자, 외국거주자 등은 은행 창구접수를 이용할 수 있다. 단, 은행창구 접수의 오판 및 혼잡으로 인하여 미 접수 및 오류 접수에 대하여서는 청약자 본인의 귀책으로 본다.
 - 공급 신청 후에는 어떠한 경우에도 취소나 정정을 할 수 없음.(단, 인터넷청약의 경우 신청당일 접수시간내에서만 취소 가능)
 - 정부에서 출자한 대한주택보증㈜에서 보증 받은 아파트입니다. (주택법 시행령 106조)
 - 분양공급 금액은 분양가 상한제 아파트의 분양가 산정에 관한내용을 준수하였습니다. (주택공급에 관한규칙 제13조의2, 13조의3)

즉 성남시장은 구 주택법에 근거하여 입주자모집공고 승인처분을 함에 있어 판교 10년 공공임대주택이 「대규모 택지지구에 건설되는 분양가 상한제 아파트에 해당」된다는 점과 「분양공급 금액은 분양가 상한제 아파트의 분양가 산정에 관한 내용을 준수」해야 한다는 점을 분명히 한 것이다. 분양가 상한제에 관한 구체적인 규정까지 명시하였다(주택공급에 관한 규칙 제13조의2, 13조의3).

바. A건설사가 입주자모집공고안 승인신청시에 성남시장에게 분양가격을 제출했다.

성남시장이 위 A건설사에 대한 승인통보서에 첨부한 입주자모집공고안에 '분양가 상한제 아파트에 해당한다'는 부분이 포함된 것은, A건설사가 성남시장에 제출한 입주자모집공고 승인신청서에 이미 그 내용이 포함되어 있었기 때문인 것으로 보인다. A건설사는 위 승인신청을 하면서 구 임대주택법 시행규칙 별표 1(또는 구 주택법 제38조의2)을 적용하여 산정한 '분양가격' 또한 성남시장에게 제출했다.

사. 민간 임대사업자들은 성남시장으로부터 승인 받은 입주자모집공고안 중「분양가 상한제 아파트」관련 내용만 삭제하고 모집공고를 했다.

2006. 3.경 판교에서 공급된 10년 공공임대주택의 공급주체인 민간 4개 건설회사는 2006. 3. 29. 임차인모집공고(적법한 명칭은 '입주자모집공고'이다)를 하면서 분양전환금액(임대조건의 변경) 부분을 아래와 같이 기재했다.

■ 임대기간 및 조건변경
• 임대기간 (분양전환시기) : 10년
• 임대조건의 변경 : 최초 입주 10년 후 분양전환시 분양전환금액은 임대인과 임차인이 각기 산정한 감정평가업자의 감정평가금액의 산술평균가격으로 한다.

즉 A건설사가 성남시장으로부터 승인 받은 입주자모집공고안 내용 중 위 임대주택이「대규모 택지지구에 건설되는 분양가 상한제 아파트에 해당」된다는 점과「분양공급 금액은 분양가 상한제 아파트의 분양가 산정에 관한 내용을 준수」해야 한다는 부분(해당 규정인 주택공급에 관한 규칙 제13조의2, 13조의3 부분까지)이 삭제되었다. 필자는 구체적으로 어떤 경위와 근거에서 위 내용이 삭제되었는지 알지 못한다.

또한 이들은 구 임대주택법 시행규칙 또는 주택법에 따라 공시할 의무가 있는 '입주자모집 당시의 주택가격' 또는 '분양가격'의 공고를 생략했다.

  2004. 3. 22. 임대주택법 시행규칙 제2조의3이 개정되면서 10년 공공건설임대주택에 대해서도 입주자모집공고를 할 때에 '분양전환가격의 산정기준'(제3호)과 위 기준에 따라 산정한 '입주자모집공고 당시의 주택가격'(제1호)을 포함시키도록 명시하였다. 그러나 이들은 위 '분양전환가격의 산정기준'과 '주택가격'의 공고를 생략함으로써 법을 위반했다.

<구 임대주택법 시행규칙 제2조의3>

> 제2조의3 (분양전환가격등의 공고 <개정 2003. 6. 27.>) 영 제9조제1항제3호 및 제4호의 공공건설임대주택의 입주자모집공고를 할 때에는 다음 각호의 사항을 포함시켜야 한다. 다만, 영 제9조제5항 각호의 주택의 경우에는 제1호 및 제3호의 사항을 공고하지 아니할 수 있다.
> 1. 별표 1의 공공건설임대주택 분양전환가격의 산정기준에 의하여 산정한 입주자모집공고 당시의 주택가격(주택법 제16조제1항의 규정에 의하여 임대주택으로 사업계획변경승인을 얻은 주택인 경우에는 사업계획변경승인전 최초 입주자모집공고시점을 기준으로 산정한 가격으로 한다)
> 2. 임대의무기간 및 분양전환시기
> 3. 분양전환가격의 산정기준

> 4. 분양전환시의 당해 임대주택에 대한 수선·보수의 범위
> 5. 주택임대차보호법에 의한 보증금의 회수에 관한 사항

구 임대주택법 시행규칙 제2조의3은 구 주택법 제38조의2 제2항의 특별규정이었다. 위 주택법 규정에 따르면 분양가상한제 적용주택은 입주자모집공고를 할 때에 분양가격을 공시하도록 되어 있었다. 그러나 이들은 위 '주택가격' 뿐만 아니라 '분양가격'의 공고를 생략했다.

〈구 주택법 제38조의2〉

> 제38조의2 (주택의 분양가격 제한 등) ①사업주체가 제16조제1항의 규정에 의하여 공공택지안에서 감정가격 이하로 택지를 공급받아 건설·공급하는 공동주택에 대하여는 건설교통부령이 정하는 기준에 따라 산정되는 분양가격 이하로 공급하여야 한다. (중략)
> ②사업주체는 다음 각호의 1에 해당하는 주택에 대하여 입주자모집승인을 얻은 때에는 입주자모집공고안에 제1항 각호의 구분에 따라 분양가격을 공시하여야 한다. 〈개정 2005. 12. 23.〉
> 1. 제1항의 규정에 의하여 건설교통부령이 정하는 기준에 따라 산정되는 분양가격 이하로 공급하여야 하는 주택(이하 "분양가상한제 적용주택"이라 한다)으로서 주거전용면적이 85제곱미터 이하인 주택
> 2. 공공택지안에서 주거전용면적이 85제곱미터를 초과하는 공동주택으로 국가·지방자치단체·대한주택공사 및 지방공사가 건설·공

> 급하는 주택 (이하 생략)
>
> 제97조 (벌칙) 다음 각 호의 어느 하나에 해당하는 자는 2년 이하의 징역 또는 2천만원 이하의 벌금에 처한다. 다만, 제2호 또는 제6호에 해당하는 자로서 그 위반행위로 얻은 이익의 100분의 50에 해당하는 금액이 2천만원을 초과하는 자는 2년 이하의 징역 또는 그 이익의 2배에 해당하는 금액 이하의 벌금에 처한다.
>
> 8의2. 제38조의2제1항 및 제2항의 규정을 위반하여 주택을 공급한 자

이들 임대사업자들은 2006. 3. 29. 위 입주자모집공고시 누락한 '주택가격' 또는 '분양가격'을 그로부터 1년 9개월 뒤인 2007. 12. 5.에야 경인일보에 아래와 같이 추가공고했다.

〈입주자모집공고의 추가공고〉

추 가 공 고

성남시 판교 택지개발사업지구내 임대아파트에 대해 2006년 3월 29일 헤럴드경제신문에 입주자모집공고를 하였으나 임대주택법 시행규칙 제2조의3 제1호에 의한 추가공고사항이 발생하여 아래와 같이 공고합니다.

사업주체	위치	주택형	세대수	주택가격
㈜광양토건	A3-1	78.777㎡	51	177,130,000
		78.835㎡	53	177,299,000
		79.129㎡	53	177,331,000
		106.498㎡	214	239,653,000
㈜대림건설	A3-2	80.92㎡	124	197,444,723
		108.91㎡	107	274,177,138
		108.99㎡	35	274,381,677
㈜진원이엔씨	A11-1	78.384㎡	68	187,933,000
		77.55㎡	126	186,993,000
		79.818㎡	125	192,041,000
		107.515㎡	150	263,950,000
		76.436㎡	329	187,145,000
모아건설㈜	A11-2	79.272㎡	20	190,831,000
		109.555㎡	176	266,373,000
		110.299㎡	60	269,629,000

아. 승인된 입주자모집공고와 실제 공고한 내용이 다를 경우의 형법적 취급

민간 임대사업자가 성남시장으로부터 승인 받은 입주자모집공고안 중「분양가 상한제 아파트」관련 내용을 만약 아무런 정당한 법적 근거 없이 임의로 삭제하고 모집공고를 했다면 관점이나 견해에 따라서는 고의적인 행위로서 형사처벌의 대상이 될 수도 있을 것이다.

단순한 실수가 아닌가 생각해 볼 수 있으나, 그렇지 않은 것 같다. ① 임대사업자들이 입주자모집공고를 함에 있어 법령에 아무런 근거 없이 제목을 '임차인모집공고'로 임의로 변경하여 기재한 것은 위 주택이 분양주택의 아니라고 판단했기 때문이거나 혹은 분양주택의 성격을 숨기기 위한 의도에 따른 것으로 추측해 볼 수 있다. 즉 의도적 행위일 것이다. ② '입주자모집공고 당시의 주택가격'의 공시를 생략하여 구 임대주택법 시행규칙 제2조의3을 위반한 것 역시 마찬가지 이유에서 의도적 행위인 것으로 보인다. ③ 만일 법적으로 정당화할 수 있는 다른 근거나 이유 없이 성남시장으로부터 승인받은 입주자모집공고(안) 내용 중 '분양가 상한제' 관련 내용을 임의로 삭제한 후 공고하였다면 이는 구 주택법 제38조 제1항[63]을 위반한 것이 되고 제97조 제8호[64]에 따라 2년 이하의 징역 또는 2천만 원 이하의 벌금에 처해질 수도 있는 행위이므로 단순히 실무자의 실수에서 비롯된 일이라고 보기 어렵다. ④ 만일 법적으로 정당화할 수 있는 다른 근거나 이유 없이「분양가 상한제 아파트」관련 내용을 임의로 삭제하고 입주자모집공고를 했다면 위 공고행위는 견해에 따라서는 사기죄(형법 제347조 또는 특정경제범죄 가중처벌 등에 관한 법률 제3조 제1항 제1호[65]) 또는 사기미수죄라는 엄중한 행위에 해당할 가능성이 있는 행위이므로 단순한 실수로 보기 어렵다.

그러므로 만일 아무런 정당한 근거 없이「분양가 상한제 아파트」관련 내용을 임의로 삭제하고 입주자모집공고를 했다면 위 공고행위는 형법상 사기죄에 해당할 가능성이 있다(일부 임차인들에 대해서는 사기미수). 피해 금액이 거액이므로 특정경제범죄 가중처벌 등에 관한 법률 제3조 제1항 제1호[65]에 따라 무기 또는 5년 이상의 징역에 해당할 수도 있다.

자. 승인된 입주자모집공고와 실제 공고한 내용이 다를 경우의 사법적 취급

사법상 취급에 대해서는 논란이 있을 것이지만, 정당한 법적 근거 없이 삭제했다면 성남시장으로부터 승인 받은 입주자모집공고 내용과 모순되는 부분만을 무효로 보아야 하고, 임대사업자가 임의로 삭제한 '이 사건 주택은 분양가 상한제 아파트에 해당하고, 그 분양가격은 분양가 상한제 아파트의 분양가 산정에 관한 내용을 준수했다'는 부분은 다시 주택공급계약의 내용으로 편입되어 그 규범적 효력이 인정되어야 한다. 그 이유는 다음과 같다.

⑴ 입주자모집공고는 '청약의 유인'이 되는데, 주택공급계약의 당사자들이 위 공고 내용을 주택공급계약의 일부로 흡수시키기로 하는 명시적 또는 묵시적 합의가 있는 때에는 계약에 따른 효력을 인정할 수 있다(대법원 1996. 12. 10. 선고 94다56098 판결[66]).

　그런데 당첨 이후 임대사업자와 임차인이 체결한 주택공급계약서에는 입주자모집공고 기재내용("분양전환금액은 임대인과 임차인이 각기 산정한 감정평가업자의 감정평가금액의 산술평균가격으로 한다")이 포함되어 있지 않다. 오히려 위 내용은 주택공급계약서 내용과 정면으로 모순된다.[67] 또한 분양전환시기 도래 이후 임대인이 위 모집공고 내용대로 분양전환을 진행하지도 않았고 위 모집공고 내용을 따르겠다는 취지의 의사를 표명한 적도 없다.

　그러므로 위 공고 내용을 주택공급계약의 일부로 흡수시키기로 하는 명시적 또는 묵시적 합의가 있다고 보기도 어렵고 계약에 따른 효력을 인정할 수도 없다.

　⑵ 위 입주자모집공고에 따른 감정평가금액 산출방법은 당시 임대주택법 시행규칙 별표 1이 정한 감정평가금액 산정방법에 저촉되므로 위법·무효이다.

　위 별표 1에 의하면 '임대주택의 소재지를 관할하는 시장·군수 또는 구청장이 제3조·제3조의2 및 제4조의 규정에 의한 임대주택

분양전환허가신청서 · 분양전환신고서 또는 임대주택분양전환계획서가 접수된 날부터 30일 이내에 임대사업자 및 임차인의 의견을 들어 감정평가업자 2인을 선정한다'고 되어 있으나, 위 입주자모집공고에 의하면 '임대인과 임차인이 각기 감정평가업자를 선정한다'고 규정하고 있기 때문이다.[68]

(3) 시장 등의 입주자모집공고 승인행위는 입주자모집공고행위의 적법성과 공익성을 확보하기 위하여 주택법 제38조 제1항에 정한 승인권자가 해당 규정에 근거하여 내리는 행정소송법상 처분이고, 법률상 이해관계 있는 제3자(예컨대 수분양자)는 그 무효 또는 취소를 구하는 소송을 제기할 수도 있다(대법원 1995. 6. 30. 선고 94누14230 판결).

그런데 규제 법규가 법률적 행위에 대하여 허가나 승인, 인가를 받도록 규정한 경우 그 허가 등이 없는 행위를 유효로 처리하여야 할 특별한 사정이 없는 한 원칙적으로 이는 강학상 '인가'로 해석하는 것(그 허가 등이 없는 행위를 법률상 무효로 보는 것)이 타당하다고 본다.[69]

본건과 같이 사업주체가 승인권자에 의하여 승인된 입주자모집공고안의 내용과 다른 내용으로 입주자모집공고를 한 경우에도 위 입주자모집공고는 원칙적으로 무효라고 보아야 한다. 왜냐하면 위 승인은 입주자모집공고행위(기본행위)를 보충하여 그 법률상 효력을 완성시키는 행위(강학상 인가)로 보이므로, 위 승인을 받지 못한 경우 위 입주자모집공고행위는 원칙적으로 아무런 법적 효력이 없다고 생각되기 때문이다(대법원 1992. 7. 6.자 92마54 결정[70], 대법원 2007. 7. 24. 자 2006마 635 결정[71] 등 참조).

⑷ 다만 이러한 사정을 이유로 입주자모집공고의 전부를 무효로 할 경우 주택공급계약의 효력 또한 온전히 유지되기 어려울 것이므로, 다수의 임차인들은 임대인(사업주체)의 잘못 때문에 도리어 자신이 10년 이상 거주해 온 주택을 분양전환할 수도 없게 된다.

즉 입주자모집공고 및 주택공급계약 전부를 무효로 할 경우 서민의 주거 안정을 위하여 합리적인 가격에 주택을 공급하려는 주택법 관련 법규를 몰각시키고, 특히 분양가 상한제에 관한 구 주택법 제38조의2 등의 규정을 무용화(잠탈할 기회를 제공)할 수도 있으므로 부득이 성남시장으로부터 승인 받은 입주자모집공고 내용과 모순되는 부분만을 무효로 보는 것이 옳다(대법원 2010. 7. 22. 선고 2010다23425 판결[72] 등). 대법원이 "임차인의 우선분양전환권을 박탈하고 임대주택을 제3자에게 매각하여 시세 차익을 독점할 수 있게 되는 등 임대주택제도가 임대사업자의 경제적 이익을 위한 수단으로 변질될 우려"를 고려하여 "분양전환가격 산정기준에 관한 임대주택법 등 관련 법령의 규정들은 강행법규에 해당하므로, 그 규정들에서 정한 산정기준에 의한 금액을 초과한 분양전환가격으로 체결된 분양계약은 그 초과하는 범위 내에서 무효"라고 판시한 것(대법원 2011. 4. 21. 선고 2009다97079 전원합의체 판결)도 같은 취지에서인 것으로 보인다. 이러한 해석은 약관의 규제에 관한 법률상 '작성자 불이익의 원칙'(대법원 2009.

5. 28. 선고 2008다81633 판결[73])에도 역시 부합하는 것이라고 본다.

요컨대 위 입주자모집공고 승인의 근거규정 및 그 근거법인 주택법과 위 규정이 역시 적용되는 임대주택법의 입법 취지를 고려하여 볼 때 그 나머지 부분까지 무효로 한다면 당해 근거규정 및 주택법·임대주택법의 취지에 반하는 결과가 초래될 것이 명백하므로(대법원 2004. 6. 11. 선고, 2003다1601 판결[74], 대법원 2008. 9. 11. 선고 2008다32501 판결[75]), 부득이 위 승인된 입주자모집공고 내용과 모순되는 부분만을 무효로 볼 수밖에 없을 것이다.

(5) 결론적으로 임대사업자가 임의로 삭제한 '이 사건 주택은 분양가 상한제 아파트에 해당하고, 그 분양가격은 분양가 상한제 아파트의 분양가 산정에 관한 내용을 준수했다'는 부분이 주택공급계약의 내용으로 편입되어야 한다. 또한 입주자모집공고 중 '분양전환가격이 감정평가금액'이라는 취지의 내용은 위 승인처분의 공정력 및 구 주택법 제38조의2와 그 특별규정인 구 임대주택법령(편면적 강행규정)을 고려하여 볼 때 규범조화적으로 해석('분양전환가격은 감정평가금액을 초과할 수 없다'고 해석)되어야 할 것이다.

차. 임대주택의 택지비를 40%까지 할인한 것은 국민에게 저렴한 중소형 임대주택을 공급하기 위한 취지이다.

구 택지개발촉진법에 의하면 임대주택의 경우 택지비를 최대

40%까지 할인하도록 하고 있다. 이것은 국민에게 저렴한 중소형 임대주택을 공급하기 위한 취지이다. 그러나 임대주택의 분양전환가격을 일률적으로 감정평가금액으로 정할 경우 위 택지비 할인에 따른 이익이 전적으로 임대사업자에게만 귀속되고, 이는 위 택지비를 할인하는 입법취지를 몰각하게 된다.

아래에서 보듯이 임대사업자들은 판교 공공임대주택 건설을 위한 택지를 택지조성원가의 60% 내지 85% 수준에서 공급 받았다. 그리고 그 차액은 국민의 세금 등으로 충당했을 것이다.

〈택지개발업무처리지침[76] 중 일부〉

[별표3]

택지공급가격기준

(단위 : 퍼센트)

구 분	용 도 별	공 급 지 역		
		수도부산권	광역시	기타지역
조성원가이하	○ 임대주택건설용지 - 60㎡이하 주택용지 - 60㎡초과 85㎡이하 주택용지 ○ 국민주택규모의 용지 - 60㎡이하 주택용지	60 수도권85, 부산권80 수도권95, 부산권90	60 70 90	60 60 80

이렇게 막대한 공적 자금을 지출하면서까지 임대주택의 택지공급가격을 조성원가의 60% 내지 85% 수준으로 공급한 것은 임차인이 실제 지불할 분양전환가격을 낮추기 위함이다. 택지개발촉진법은 위 할인 공급의 근거를 '국민의 주거생활의 안정을 위하여'라고 못

박고 있고(택지개발촉진법 제18조, 같은법 시행령 제13조의2 제7항[77]), 위 택지 공급가격이 이 사건 주택의 분양전환가격(최초 입주자모집 당시의 주택가격)을 구성하는 '택지비'가 되기 때문이다.[78]

그러므로 분양전환가격을 (택지비 수준과 무관하게) '감정평가금액'으로 결정하는 것은 막대한 국민의 혈세 또는 공적자금(택지 조성원가의 40% 내지 15% 상당액)을 임대사업자에게 고스란히 넘겨주는 것과 같다. 이는 '국민의 주거생활의 안정을 위하여' 택지를 저가에 공급한다는 택지개발촉진법 취지에 정면으로 위반하게 된다.

카. 성남시장이 2008. 7. 9. 경기도지사에게 보낸 공문에서 분양가 상한제 적용 주택임을 재확인했다.

성남시장이 2008. 7. 9. '분양가 상한제 정책자료 제출'이라는 제목으로 경기도지사에 보낸 문서에 따르면, 성남시장 또한 판교 10년 공공임대주택에 분양가 상한제가 적용됨을 인정하고 있었음이 재차 확인된다.

타. 같은 해 인근 판교 지역 공공임대주택 모집공고시 분양가 상한제가 적용됨을 명시한 사례

판교 공공임대주택 중 전용면적이 85제곱미터를 초과하는 '동양엔파트'의 경우 2006. 8. 25. 입주자모집공고 당시 분양전환가격을

'분양전환 당시의 감정평가액'과 '(임대기간 중 이자를 고려한) 최초 입주자모집 당시의 주택가격' 중 낮은 금액으로 정했다.

〈입주자모집공고 중 일부〉

> ■ 분양전환가 산정기준: 분양전환 당시의 감정평가액과 「분양가 상한제 적용주택의 분양가격 산정방식에 준한 분양가격×한국주택금융공사 10년 만기 보금자리(모기지)론 금리(복리)×임대기간」의 기준 중 낮은 금액을 기준으로 함

위 동양엔파트의 경우 입주자모집공고를 통해 해당 임대주택이 '분양가 상한제 적용주택'이라는 점과 그 분양전환가격은 '분양전환 당시의 감정평가액' 및 '분양가 상한제 적용주택에 대한 분양가 산정방식[79]'을 적용한 분양가격' 중 낮은 금액으로 정해진다는 점을 반영한 것이다.

파. 기업회계기준 등에 관한 해석【56-90】

판교 공공임대주택은 분양계약에 조건부임대차계약이 혼합된 혼합계약의 성격으로 설계된 공공분양아파트이다. 금융감독원 또한 같은 취지에서「임대주택건설사업자가 임대 후 분양을 목적으로 임대주택을 건설·임대·분양하는 경우에는 임대차의 성격과 건설·분양의 성격을 동시에 가지고 있는 바, 임대차에 관한 회계처리는

리스회계처리준칙을 준용한다.」고 밝혔다(기업회계기준등에 관한 해석 【56-90】임대주택건설사업자의 임대후분양주택에 관한 회계처리 참조). 위 기업회계기준 해석 56-90의 주요 내용은 아래와 같다.

> 2. 임대후분양주택의 회계처리
>
> 가. 임대주택건설사업자가 임대 후 분양을 목적으로 임대주택을 건설·임대·분양하는 경우에는 임대차의 성격과 건설·분양의 성격을 동시에 가지고 있는 바, 임대차에 관한 회계처리는 리스회계처리준칙을 준용한다.
>
> 나. 임대 후 분양을 목적으로 공공건설임대주택을 건설하여 임대차계약을 체결한 경우 임대개시 시점(계약 후 입주가능시점을 말한다. 이하 같다) 및 임대기간 중에 다음의 요건을 모두 충족하는 경우에 당해 임대차계약은 리스회계처리준칙 4. 나 2)의 염가구매선택권이 있는 것으로 보아 금융리스로 분류하며, 그렇지 아니한 경우에는 운용리스로 분류한다.
>
> 　　1) 사업시행 단지별로 입주비율(임대차계약을 체결하고 실제로 입주하였거나 임대보증금을 완납한 후 입주가능한 상태를 기준으로 산출한 비율을 말한다. 이하 같다)이 90%이상일 것
>
> 　　2) 임대개시 시점 또는 대차대조표일 현재의 당해 임대주택의 공정가액(감정평가금액 또는 주위시세)과 산정가격 중 낮은 가격이 입주자모집 시점의 당해 주택가격 보다 높을 것("산정가격", "주택가격"은 임대주택법시행규칙에서 정하는 바에 의한다).

위 기업회계기준 해석 56-90에 따르면, 10년 공공임대주택의 경우, 단지별로 입주비율이 90% 이상이고, 대차대조표일 현재 감정평가금액(위 해석에는 "공정가액"으로 명시)[80]이 최초 입주자모집 당시의 주택가격(위 해석에는 "당해 주택가격"으로 명시)보다 높다면 '염가구매선택권'이 있는 것으로 인정되는데, 판교 임대주택 또한 이 경우에 해당되었다. 예컨대 A건설사에 대한 2009년 감사보고서는 해당 아파트가 금융리스 요건을 충족하는 것으로 판단했다.

위와 같이 임차인들이 분양전환시점을 기준으로 염가구매선택권을 가지고 있다는 것은 분양전환가격이 위 '감정평가금액'이 아니라 '최초 입주자모집 당시의 주택가격'이라는 의미가 된다. '감정평가금액'은 곧 '시가'이기 때문이다.

하. 임대사업자는 감정평가금액이 정해지기 전에 '분양전환가격산출근거 서류'를 성남시장에게 제출해야 한다.

구 임대주택법 시행규칙 제4조 제1항에 따르면 민간 임대사업자들이 10년 공공임대주택을 임차인들에게 분양전환하고자 할 경우 미리 별지 제6호서식의 임대주택분양전환계획서에 아래 서류를 첨부하여 성남시장에게 제출해야 한다.

> 1. 분양받기를 희망하지 아니하는 임차인 명단
> 2. 분양포기확인서 등 분양받기를 희망하지 아니하는 사실을 증명하는 서류
> 3. 분양전환가격산출근거 서류

　이 경우 성남시장은 위 서류가 첨부된 임대주택분양전환계획서가 접수된 날부터 30일 이내에 참가인 및 임차인의 의견을 들어 감정평가업자 2인을 선정해야 하고, 만일 성남시장이 감정평가업자를 선정하지 아니하는 경우에는 임대사업자와 임차인이 각각 감정평가를 의뢰할 수 있다(같은 시행규칙 별표1 나.항). 즉 임대사업자는 감정평가금액이 정해지기 전에 '분양전환가격산출근거 서류'를 성남시장에게 제출해야 하므로, 임대주택의 '분양전환가격산출근거 서류'는 다름 아니라 '최초 입주자 모집 당시의 주택가격[81]' 산출의 근거가 되는 서류'라고 이해할 수밖에 없다. '분양전환가격이 감정평가금액'이라는 입주자모집공고 부분은 위 임대주택법 시행규칙 내용에도 저촉된다.

거. 약관의 규제에 관한 법률 제6조가 적용된다.

　'분양전환가격은 감정평가금액이다'는 것으로 입주자모집공고 내용을 해석하는 것은 약관의 규제에 관한 법률 제6조 제2항 제1호, 제2호 및 제3호[82])에 모두 해당되고 신의성실의 원칙을 위반하여 공정성을 잃게 되어 무효이다.

임차인들은 2006년경 이 사건 주택을 공급 받을 당시 위 주택이 '분양주택'인 것으로 생각했고 따라서 분양주택으로서 당시 법률에 정한 분양가격 규제 조항(주택법 제38조의2 등)의 적용을 받는 것으로 생각했다. 감정평가에 관한 지식이 부족한 임차인들은 "감정평가금액"이 "임대기간 10년 이후의 시가"와 같은 의미인 줄 몰랐다. 즉 만일 임차인들이 2006년경 임대주택을 공급 받을 당시 임대사업자로부터 '분양주택이 아니다'라거나 '현재 시행 중인 분양가격 규제(주택법 제38조의2 등의 분양가 상한제)의 적용을 받지 않는다'라거나 '분양전환가격은 (최초 입주자모집 당시 주택가격과 상관 없이) 임대기간 10년 이후 시세 수준에서 정해진다'는 사실을 설명 들었더라면 주택을 분양받지 않았을 것이다.

　그러므로 위 입주자모집공고 내용을 위와 같이 해석하는 것은 고객에게 부당하게 불리한 조항일 뿐만 아니라, "계약의 거래형태 등 관련된 모든 사정에 비추어 예상하기 어려운 조항"이다. 임차인 관점에서는 청약통장이 실효되고 재당첨제한을 받게 되는 이 사건 주택의 당첨은 당연히 '분양주택의 공급'인 것으로 인식하였는데, 정작 '분양주택에 적용되는 분양가격 규제가 적용되지 않는다'는 것은 임차인들로서는 도저히 예상하기 어려운 것이었을 것이다.

　나아가 위 입주자모집공고 내용은 "계약의 목적을 달성할 수 없을 정도로 계약에 따르는 본질적 권리를 제한하는 조항"에도 해당된다. 판교 공공임대주택의 주택공급계약은 분양계약(또는 분양예약의 계약)을 성격을 가지고 있는바, 분양계약(또는 분양예약의 계약)의 가장 중요하고 본질적인 부분은 '분양가격'이다. 그리고 분양주택의 분양가격에 대해서는 당시 강행법규(적어도 일반규정인 구 주택법 제38조의2)에 의한 규제가 시행되고 있었다. 그러므로 분양계약 또는 분양예약의 계약 체결 당시 시행되던 분양가격 규제 적용 가격(상한가격)으로 주택을 분양전환받을 권리(대법원 2002. 11. 22. 선고 2001다35785 판결 참조)(분양예약의 계약에 대하여는 대법원 2006. 8. 25. 선고 2006다14103 판결 아울러 참조)는 위 계약에 따르는 본질적 권리라고 하지 않을 수 없기 때문이다.[83]

그럼에도 불구하고 입주자모집공고 내용에 근거하여 '분양전환가격은 감정평가금액이다'라고 본다면 이는 임차인들이 가진 권리 즉 '분양계약 또는 분양예약의 계약 체결 당시 시행되던 법령에 정한 상한가격으로 주택을 분양전환받을 권리'의 본질적 내용을 침해하는 것으로서 "계약의 목적을 달성할 수 없을 정도로 계약에 따르는 본질적 권리를 제한하는 조항"이라고 하지 않을 수 없다.

결국 '분양전환가격은 감정평가금액이다'라는 취지의 입주자모집공고 내용은 약관의 규제에 관한 법률 제6조 제2항 제1호, 제2호 및 제3호에 모두 해당되고 이는 신의성실의 원칙을 위반하여 공정성을 잃었으므로 당연무효이다.

너. 언론은 분양가 상한제가 적용된다고 했다.

2005년 당시 언론은 판교에 공급 예정인 공공임대주택에 대해 분양가 상한제가 적용된다고 했다.

예컨대 A언론사는 2005. 5.경 기사에서 공공임대아파트는 분양가가 규제되는 일반 아파트보다 가격이 저렴하고 분양전환 후 적지 않은 시세차익이 예상된다고 했다. 또한 택지비가 조성원가 이하여서 분양전환가격이 일반아파트(평당 약 900만원)보다 평당 100만원 이상 낮을 것으로 추산된다고 보았다.

즉 위 기사는 10년 공공임대주택의 분양전환가격이 '입주자모집 당시의 주택가격'이고 위 분양전환가격은 구 주택법 제38조의2 적용 주택가격(이하 '분양가격')보다 낮다고 보아, 위 임대아파트의 시세차익(=분양전환 당시의 감정평가금액-분양전환가격)이 일반 아파트의 시세차익(=같은 시점의 시세-분양가격)보다 더 클 것으로 예상한 것이다.

B언론사는 2005. 12.경 기사에 2006년 3월 판교신도시에 공급되는 전용면적 25.7평 이하 공공임대아파트(1,918가구)도 분양가 상한제가 적용되므로 노려 볼 만하다고 보도했다. 또한 전용면적 25.7평 이하 아파트는 일반 아파트이든 공공임대아파트이든 계약일로부터 10년간 전매를 할 수 없으므로 별 차이가 없다는 취지로 보도했다.

C언론사는 2005. 12.경 기사에 '2006년 3월 판교신도시에 분양 물량이 총 9,500가구이고 모두 전용면적 25.7평 이하로 원가연동제가 적용된다'면서 '일반 아파트는 5,906가구이고 임대주택은 3,614가구'라고 보도했다. 분양되는 주택은 모두 전용면적 25.7평 이하로 분양가상한제 적용을 받아 계약일로부터 10년간 전매와 재당첨이 금지된다고 보도했다. 즉 10년 공공임대주택도 역시 '분양'되는 주택으로서 '원가연동제'('분양가상한제')의 적용을 받는다고 보도한 것이다.

더. 정부도 분양가 상한제가 적용된다고 했다.

건설교통부도 분양가 상한제가 적용된다고 일관되게 홍보했다.

(1) 예컨대 2006. 5. 1. 배포한 보도참고자료에서 '공공택지 내 모든 분양아파트에 관하여 2006. 2. 24.부터 분양가 상한제가 확대 시행중'이라고 밝혔다.

> **정부, 공공택지내 모든 아파트
> '06.2.24일부터 분양가상한제 확대 시행중**
>
> □ 보도요지
>
> ○ 토지공사가 공개한 공공택지지구의 조성원가와 택지공급 가격에 의하면 택지비가 분양가의 29%에 불과
>
> - 이에 따라 공공택지에 지어진 아파트의 고분양가 원인은 건설업체가 택지를 낮은 가격으로 공급받아 주변시세에 따라 가격을 책정하면서 폭리를 취했기 때문으로 밝혀짐
>
> □ 보도참고 내용
>
> ○ 정부는 분양가 자율화에서 나타날 수 있는 위 문제점을 해소하기 위해 **'06.2.24일부터 분양가상한제를 공공택지내 모든 평형의 주택**(85㎡이하는 '05.3.9일 도입)으로 확대시행 중

(2) 원가연동제 적용 택지에 대한 추첨제가 적용된 사실을 통해서도 분양가 상한제 적용을 추론할 수 있다. 건설교통부는 2005. 5. 24. 보도자료('판교 신도시 공동주택용지 공급승인')를 통해 '택지공급 방법은 원가연동제가 시행되는 85㎡ 이하는 추첨, 85㎡초과는 채권 분양가 병행입찰제로 공급대상자를 결정'한다고 밝혔고, 이후 공공임대주택용지는 추첨을 통해 공급되었다. 여기서 원가연동제는 택지가격을 택지조성원가에 연동하여 공급한다는 것이 아니라, 구 주택법 제38조의2 제1항의 분양가 상한제와 구 임대주택법 시행규칙 [별표 1]의 분양전환가격 원가연동제를 포괄하여 일컫는 말이다.

(3) 건설교통부는 2006. 7. 5.자 보도자료를 통해 "국민임대주택 등 분양전환이 되지 않는 주택은 소유가 아닌 거주 개념의 주택"이라고 밝힌 바 있다. 재정경제부 등이 2005. 4. 27. 작성한 '임대주택정책 개편방안'에도 10년 공공임대주택을 '사회복지적 측면의 임대주택'과 다른 것으로 분류했다.

러. 표준건축비는 분양전환가격의 산정기준이었다.

건설교통부장관은 2004. 9. 20.자 보도자료('표준건축비 상향조정, "서민형주택 공급 확대될 듯"')에서 아래와 같이 기재했다.

> □건설교통부는 공공임대주택의 분양전환가격과 소형 공공분양주택(주택기금지원을 받는 18평이하 분양주택)의 분양가 산정기준이 되는 표준건축비('02.12 고시)를 그간의 건축비 인상요인을 반영하여 9.20일 오늘부터 평균 25.3%(평당 229만원 → 288만원) 인상한다고 발표하였다.
>
> * 표준건축비의 용도 : 공공임대주택은 분양전환시, 공공분양주택(주택기금을 지원받는 18평이하)은 분양시에 분양가 산정근거로 활용

위에서 보듯이 2004년 당시 표준건축비는 공공임대주택의 분양전환가격 산정기준이 되고, 공공분양주택(주택기금을 지원받는 18평이하)

의 분양시에도 분양가 산정근거로 활용되고 있었다. '감정평가금액이 분양전환가격'이라면 표준건축비가 공공임대주택의 분양전환가격 산정기준이 될 수는 없었을 것이다.

머. 과거 분양전환가격이 건설원가보다 낮게 결정되었음을 인정했다.

건설교통부장관은 2006. 4. 17.자 보도자료(*주공 조성원가 60~85% 수준에서 택지비 산정*)에서 아래와 같이 기재한 바 있다.

> ■ 그리고 주공은 그 동안 주택건설원가보다 낮은 금액을 기준으로 임대보증금·임대료를 산정하여 왔고 특히, 대부분 지구의 분양전환 가격은 주변시세를 감안하여 건설원가보다 낮게 결정됨에 따라 분양전환시 많은 손실이 발생하고 있고 임대사업에서도 매년 약 400억 원의 손실이 발생하고 있음.

위에서 보듯이 건설교통부장관은 2006년 당시 대한주택공사의 분양전환가격이 "주변시세를 감안하여 건설원가보다 낮게 결정됨에 따라 (중략) 매년 약 400억 원의 손실이 발생하고 있음"이라고 기재한 바 있다. 임대의무기간이 5년인 경우 분양전환가격은 건설원가와 감정평가금액을 산술평균한 가액으로 결정되는 것이 원칙이었으므로(구 임대주택법 시행규칙 별표 11.의 나.항 참조), 위 공공임대주택 공급으로 '대한주택공사가 매년 약 400억 원의 손실을 입고 있다'는 것은 위 임대주택의 '분양전환가격이 건설원가에 못 미치는 경우가 많다'는 것을 말한다.

다시 말하면 위 '주변시세'는 '감정평가금액'을 의미하고, 위 '건설원가'는 기본적으로 '최초 입주자모집 당시의 주택가격'에 자기자금이자를 더하고 감가상각비를 공제하여 계산되므로(구 임대주택법 시행규칙 별표 1 2.의 가.항 참조), '5년 공공임대주택의 분양전환가격[=(건설원가+감정평가금액)÷2]이 건설원가에 못 미친다'는 표현은 곧 주변시세(감정평가금액)가 입주자모집 당시의 주택가격(≒건설원가)보다 하락하는 경우가 있어서 대한주택공사가 손해를 입고 있다는 뜻이 된다.

그러므로 구 임대주택법 시행규칙 [별표 1]이 '분양전환가격은 감정평가금액을 초과할 수 없다'고 규정한 것도 같은 취지로 규정한 것으로 보아야 한다. 즉 공공임대주택 공급 이후에 주변시세가 하락하는 경우가 있을 수 있는데, 이 경우 일률적으로 최초 입주자모집 당시의 주택가격(건설원가)을 분양전환가격으로 간주할 경우 자칫 임차인이 시세보다 높은 가격으로 분양전환을 강요당하는 불합리 및 그로 인한 분쟁이 발생할 수 있기 때문에 부득이 위 상한규정을 둔 것으로 이해해야 한다. 즉 건설교통부장관은 주변시세가 하락하는 경우를 대비하여 최초 입주자모집 당시의 주택가격이 감정평가금액을 초과한다면 분양전환가격을 감정평가금액으로 낮추기 위하여 위 별표 규정을 도입한 것이다.

버. 최초 입주시 발코니 확장형 공사계약 및 플러스 옵션에 대한 대금을 지급했다.

임차인들은 임대사업자에게 임차보증금 지급시 발코니 확장형 공사계약 및 플러스 옵션품목 계약에 대한 대금을 함께 지불했다고 한다. 분양계약이 아니라면 임차인들이 위 시설에 대한 대금을 임대인에게 지불할 이유가 하등 없다. 위 시설은 민법상 부속물이거나 부합물로서 임차인은 임대인을 상대로 그 매수를 청구[84]하거나 비용 등의 상환을 청구[85]할 권리가 있으며, 게다가 위 부속물매수청구권은 강행규정[86]이므로, 위 부속물 대금을 임차인들이 임대인에게 납부하였다는 것은 위 계약이 순수한 임대차가 아님을 명백히 방증한다.

서. 임차인들은 주택 소유자에게 부과되는 재산세, 지방교육세, 도시계획세 및 공동시설세 항목을 임대료에 포함하여 납부했다.

판교 공공임대주택 임차인들은 임대주택에 부과되는 재산세, 지방교육세, 도시계획세 및 공동시설세를 임대료에 포함하여 10년 간 납부했다. 순수한 임대차계약이라고 가정할 경우, 소유자도 아닌 임차인들이 위 세금을 납부할 이유는 전혀 없다.

어. 정책입안자인 김수현 전 청와대 정책실장 또한 임대주택이 아님을 인정했다.

경향신문은 2019. 11. 6. 김수현 전 청와대 정책실장과의 인터뷰 내용을 기사로 다루었다. 노무현·문재인 정부에서 공공임대 등 주거정책 전반에 관여한 김수현 전 청와대 정책실장 또한 10년 공공임대주택은 단순한 임대주택이 아님을 분명히 밝혔다. 즉 본질적으로 '임대주택'이 아니라 '분양주택'이므로, '분양가 상한제'가 적용되지 않을 이유가 없다.

> 김수현 "300조 쏟아 부은 공공임대, 쳐다보는 눈 많아야" [공공임대주택-구멍 뚫린 복지(6)]
>
> ■ "분양전환, 공공임대 아니다"
>
> – 행복주택이나 10년 임대 후 분양전환은 어떤가.
>
> "공공임대를 자가 소유의 징검다리로 쓰려는 욕구를 인정한 측면이 있다. 저도 하지 말자고 했지만 그렇게 하면 역대 정부에서 하던 게 줄어들게 된다. 특히 분양전환은 서구 기준에서도 임대주택이 아니다. 그래서 5년 임대는 안 하고, 10년 임대까지는 장기임대라고 해서 별도 항목으로 두고 관리하는 것으로 정리가 됐다." (중략)

임대주택 분양전환을 바라보는 상식과 정의

가. 무주택자의 내집마련 기회를 목적으로 공급한 주택

판교 10년 공공임대주택이 일반 분양주택과 다른 점은, 당첨자들로 하여금 분양대금의 일부를 10년 뒤에 변제하도록 기한의 이익을 허여하고, 위 잔금을 마련하기 위한 10년 동안 저렴한 임대료를 납부하면서 해당 주택에 안정적으로 거주하도록 특별히 설계되었다는 점이다. 일반적인 공공분양아파트 입주자들보다 경제적으로 더 열악한 서민들을 대상으로 분양되는 주택이었기 때문이다. 어떤 논문[87]에서는 이 임대주택의 도입취지를 아래와 같이 설명하고 있다

〈토지공법연구 2016. 8. 게재 논문 중 일부〉

> 지난 '참여정부'가 임대의무기간이 5년인 임대주택은 보통 2년 6개월 직후 분양전환이 되어, 그 짧은 임대기간동안에 사실상 임대주택으로서의 기능뿐만 아니라 내집마련의 기능을 하지 못하자 그 대안으로 도입한 것이 오늘의 '10년 임대주택'이다. 소득 5~6분위의 무주택서민들이 '10년 임대주택'에서 저렴하게 장기간(10년) 거주하면서 돈을 모으고, 10년 임대의무기간이 만료되면 그 임대주택을 분양을 받아 내집을 마련할 수 있도록 지원을 하는 목적도 서민의 주거안정이었다.

특히 위 논문은 임대의무기간이 5년인 임대주택은 '임대주택의 공급' 그 자체를 목적으로 한 것이었다고 평가한 데 비해, 10년 공공임대주택의 공급목적은 '무주택자의 내집마련 기회의 제공'이라고 보았다. 아래에서 보듯이 10년 공공임대주택의 임차인은, 5년 공공임대주택과 달리, 자기자금이자(임대사업자가 임대주택의 건축 및 공급을 위해 투입한 자기자금에 대한 이자) 전액을 부담한 외에도, 각종 제세공과금, 화재보험료, 10년간의 감가상각비 또한 전적으로 부담했다. 이렇게 임차인이 분양전환 이전(임대차기간 중)에도 사실상 소유자나 마찬가지의 지위를 가지고 있었기 때문에 10년 공공임대주택의 공급목적은 '무주택자의 내집마련 기회의 제공'임이 분명했던 것이다.

〈토지공법연구 2016. 8. 게재 논문 중 일부〉

〈표 1〉 임대의무기간 5년과 10년의 공공건설임대주택 비교(2006년 기준)

구 분	5년 임대주택	10년 임대주택(2006부터)
명시된 목적	임대주택 공급	무주택자의 내집마련 기회의 제공
해당 소득계층	무주택 청약저축가입자 우선	무주택 청약저축가입자 중 5~6분위 소득계층
택지공급가격	당시 토지조성원가의 100%	당시 토지조성원가의 60%~85%
건축 중 중도금	없음	납부(2~3차례)
임대사업자 투자금(자기자금)	자기자금 이자: 20% 임차인 부담	자기자금이자: 100% 임차인 부담
제세공과금(재산세, 취등록세 등)	없음	100% 임차인 부담
수선유지비	건축비의 연 0.4%: 임차인 부담	건축비의 연 0.8%: 임차인 부담
화재보험료	없음	100%: 임차인 부담
감가상각비 누적금액	건축비의 12.5%: 5년간 임차인 부담	건축비의 25%: 10년간 임차인 부담
입주 5년 이내, 임대사업자의 회수금액	최소 자기자금의 80%	건설원가보다 커짐

* 자료 : 건설교통부고시 제2001-70호(임대주택의 표준임대보증금 및 표준임대료), 건설교통부, "참여정부, 주거복지로드맵 제시하고 실천한 최초의 정부", 보도참고자료, 2007.11.07.

나. 임대사업자는 자기자금 투자 없이 임대주택을 공급

대표적으로 임대사업자 A건설사는 자기자금 투자 없이 임대주택을 공급한 것으로 보인다. 그 이유는 아래와 같다.

(1) 총사업비(약 634억 원) 중 90%인 570억 원을 임차보증금으로 회수

A건설사는 입주자모집공고에 앞서 총사업비를 약 634억 원으로 기재했고, A건설사는 총 사업비(건설원가)의 90% 상당액을 임대보증금으로 책정했다. 당시 건설교통부 고시 제2004-70호[88])에 따르면 임차보증금은 주택분양가의 50% 상당액으로 하되 다만 임대차계약시 임차인의 동의가 있는 경우에 상호전환이 가능하도록 규정하고 있었으나, A건설사는 임차인들로부터 아무런 동의를 받지 않은 채 임의로 총 사업비의 90% 상당액을 임대보증금으로 책정한 것이라고 한다. 만일 그것이 사실이라면 A건설사는 임대주택 공급 당시 이미 임차보증금으로 약 570(=634×0.9)억 원을 회수하였을 것으로 보인다.

(2) 실제 건설원가는 538억 원으로 추정

그러나 A건설사에 대한 2009년도 감사보고서에 따르면 실제로 A건설사는 자기자금 투입 없이 임대주택을 건설·공급한 것으로 보인다.

위 감사보고서에 따르면 A건설사가 공급한 판교 공공임대주택의 임대주택채권은 2008년말 기준 약 538억 원으로 계상되어 있었다(임대주택의 건설비용 281억 원과 그 부속토지 256억 원은 임대주택채권계정에 합산 계상되었다. 감사보고서에 따르면 준공 이후 임대개시 시점에 "임대주택토지 및 완성임대주택을 임대주택채권의 과목으로 재분류"하기 때문이다).[89]

만일 위 공공임대주택의 실제 건설원가가 위 임대주택채권액인 약 538억 원이라면, 그리고 앞서 살펴 본 바와 같이 A건설사가 임차보증금으로 570억 원을 수령하였다면, A건설사는 위 임차보증금 수령을 통해 이미 약 32억 원의 이득을 얻은 것이 된다. 다시 말하면 A건설사는 사실상 자기자금 없이 임대주택을 건설·공급한 셈이다.[90]

이러한 사정은 앞서 언급한 한국토지공법학회 2016. 8.자 게재 논문을 통해서도 재차 확인해 볼 수 있다.

〈토지공법연구 2016. 8. 게재 논문 중 일부〉

〈표 2〉 서판교지역 일반분양주택과 임대주택의 주거부담 비교(2006년 기준, 33평형)

구 분		실질 거주부담	택지비 (조성원가 대비)	비 고
10년 임대	서판교 대방건설	4.2억원(당시 분당 전세 1.8억원)	85%(수도권)	감가상각비, 수선유지비 등을 정기예금이자율 3.45%로 환산함
일반 분양	동판교 LH	3.5억원	100%	수선유지비, 감가상각비 없음
	동판교 민간	3.85억원	100%	수선유지비, 감가상각비 없음

* 주 : 판교지역 입주자 모집공고 및 관련 블록의 주택가격 및 임대보증금·임대료 산출내력서, 2006.

> '10년 임대주택'은 사실상 임차인의 돈으로 건설·유지·관리되는 임대주택이라고 할 수 있다. 임차인들은 임대차계약서를 작성·서명하면서부터 임대주택의 건설에 필요한 자금을 일반분양주택과 똑같이 계약금, 중도금 및 잔금을 납부했다.[8] 그리고 입주 후 임차인의 돈으로 유지·관리되고 있다.
>
> 특히, 입주시 경기성남서판교지역의 대부분 임차인들은 건설원가의 90%를 임대보증금으로 부담하고, 나머지 10%에 대하여는 3.45%의 이자를 납부하고 있다. 입주후 5년 시점부터 감가상각비의 누적금액과 임대보증금(건설원가의 90%)의 총계(임대사업자의 총회수금)는 최초 건설원가보다 커지는 것으로 나타났다. 여기에 매월 임차인들이 수선유지비, 재산세, 화재보험료까지 부담하는 점을 고려하여 종합·판단할 때, 입주후 5년 시점부터 임대사업자는 "자기 돈 투자 없이, 땅 짚고 헤엄친다."고 할 수 있다.
>
> 그리고 2006년 입주시점을 기준으로 판교지역의 임대주택과 일반주택의 주거부담을 비교해보자(<표 2>). 민간임대사업자가 건설한 임대주택의 임대기간동안 임차인들의 주거부담이 일반 분양주택의 거주자보다 더 크다는 것을 도저히 이해를 할 수 없을 뿐더러 저렴하게 공급한 택지비를 고려할 때 더욱 이해할 수 없었다는 점에 대하여 입법자는 많은 고민을 했어야 했다.

위 논문에 따르면 2006년 기준 모 건설사가 공급한 임대주택 임차인들의 실질 거주부담액은 인근 일반 분양주택의 부담액 3.5억 원(3.85억 원)보다 훨씬 높은 4.2억 원에 달했다고 한다.

다. 선량한 풍속 기타 사회질서의 관점

아파트 가격 상승은 주로 건물이 아니라 토지가격의 상승으로 인한 것이다. 시간이 지날수록 건물은 감가(減價 Depreciation)되기 때문이다. 그런데 토지가격의 상승은 주로 해당 지역의 유동인구 또는 정주인구가 증가함으로써 해당 토지의 수요가 함께 증대되기 때문에 나타난다. 경제학자 헨리 조지는 지대의 상승은 결국 인구증가로 인한 것이라고 주장한다.[91]

⟨헨리 조지, "간추린 진보와 빈곤" 중 일부⟩

> 인구증가가 지대를 상승시키는 이런 모습은 진보하는 국가에서라면 누구나 직접 목격할 수 있다. 그 과정이 바로 눈앞에서 전개되고 있기 때문이다. 사용되는 토지의 생산성 차이가 커지면 지대 상승폭도 커진다. 이러한 결과는, 인구증가로 인해 필연적으로 열등한 토지를 추가로 사용해야 하기 때문에 생긴다기보다는 인구증가가 기존에 사용하던 토지에 더 높은 생산성을 부여하기 때문에 생긴다. 지구 상에서 가장 비싼 토지, 지대가 제일 높은 토지는 그 자연적 비옥도가 높은 토지가 아니라 인구증가로 인해 초과효용이 부여된 토지이다.

특히 2006년 판교 개발 이전에 해당 지역에 거주하거나 이 지역을 이용하는 인구가 매우 낮았고 지가 역시 매우 낮았다. 따라서 헨리 조지에 의하면 2006년 이후 판교 지역 주택가격 상승의 원인은 판교 지역의 실거주인구 또는 유동인구의 증가로 인하여 유발된 것이고 이 지역 주택가격의 상승의 이익은 판교 지역의 정주하거나 실제 이를 이용하는 사람들이 향유하는 것이 형평 및 정의관념에 부합한다.[92]

분당과 판교 지역은 수도권 중에서도 매우 인기 있는 지역에 속한다. 2006년 판교 임대주택 공급 당시에도 판교에 인접한 분당 지역의 주택가격은 이미 높았을 뿐만 아니라 가파르게 상승하고 있었다. 이는 수도권의 인구집중 현상과 맞물려 있다. 1970년 수도권 인구 비중은 28.8%였으나 2000년에 46.3%에 달할 정도로 비약적으로 증가해고, 2020년에는 마침내 수도권 인구가 비수도권 인구를 추월했다.[93] 법무부가 2005년에 발간한 법무자료 "각국 토지제도의 현황과 문제점"은 이러한 사정을 아래와 같이 표현하고 있다.

〈법무자료 제270집: 각국 토지제도의 현황과 문제점 중 일부〉

[349면] 2003년의 소위 '10·29대책' 이후 안정세를 지속하던 주택가격이 2005년 2월부터 상승세로 전환하였고 이후 지속적인 상승 추세가 확산되어 나타나게 된다. 특히 아파트의 경우 2005년 1~7월 중 서울(7.7%) 및 수도권지역(6.6%)이 광역시(2.3%) 등 지방보다 큰 폭으로 상승하였고, 서울 중에서도 강남(12.4%)이 강북(1.6%)에 비해, 대형 아파트가 중·소형 아파트에 비해 이러한 경향은 두드러졌다.

[352면] 서울-대전-대구-부산을 연결하는 경부축 중심의 산업 및 인구발전이 80년대 들어 감소하면서 현재는 수도권 일극 중심의 인구집중화가 기본현상으로 대두되었다. 1970년 전국 대비 수도권 인구는 28.8%에 불과했으나 2000년에 이르러 46.3%로 급증하여 우리나라 사람의 과반수 가까이가 수도권에 거주하고 있으며 비수도권은 같은 기간 동안 71.2%에서 53.7%로 감소하였다. 전국

> 의 인구 증가분 중에서 수도권에서 늘어난 인구의 비중은 '60년대에 59.2% '70년대에는 69.4%, '80년대 88.5%로 급격히 증가하였고, 지역균형개발을 크게 강조하였던 '90년대에는 오히려 133.8%로 전국 인구증가분을 훨씬 초과함으로써 지방의 절대인구가 감소하였다. 전국토의 11.8%의 면적에 46.3%의 인구를 점유하고 있는 우리나라 수도권의 집중현상은 도시종주성과 수위도 측면에서도 다른 선진국에 비하여 그 유례가 없는 초집중현상이다. 비수도권 지역에서의 인구유출로 인한 수도권 인구집중은 수도권 지가의 급상승, 환경파괴 등 삶의 질 저하뿐만 아니라 지방의 노동력 및 소비시장의 기반을 붕괴시켜 지방경제력의 공동화와 지방재정력의 축소라는 이중고를 탄생시켜 국가경제 전체가 전반적인 침체의 늪에서 벗어나지 못하고 있다.

노무현 정부는 이러한 수도권 집중 현상을 완화하기 위하여 신행정수도 정책을 추진했다. 그러나 수도권에 기반을 둔 정치 세력의 저항을 받았고 2004년말 헌법재판소의 위헌결정[94]으로 끝내 뜻을 이루지 못했다.

위와 같은 사정들을 종합해 볼 때 2006년 판교 공공임대주택 공급 당시 대한민국의 대다수 성인은 판교 지역 지가는 향후 지속적인 인구유입을 통해 꾸준히 상승할 것으로 예측하였을 것이라고 봄이 타당하다. 또한 2005년 언론은 '판교 공공임대주택에 분양가 상한제가 적용된다'고 반복하여 보도했고 건설교통부도 이런 내용의 보도자료를 꾸준히 배포했다. 그러므로 판교 공공임대주택 임차인들은 2006년 당첨 당시 '분양전환금액이 감정평가금액으로 고정된다'는 취지의 위 입주자모집공고 내용을 면밀히 검토할 동기와 이유가 희박했을 것이다. '감정평가금액이 시가'를 의미하는지 아는 사람도 적었다.

결국 '임차인이 체결한 주택공급계약에 따르면 분양전환금액은 감정평가금액이다'는 임대사업자 측 주장은 10년이라는 장기간에 걸친 물가상승(화폐가치 하락) 또는 주택가격 상승에 대한 모든 위험을 전적으로 임차인에게 부담하게 하는 현저히 불공정한 계약일 뿐만 아니라, 판교 지역의 실거주 인구의 증가로 인하여 유발된 주택가격의 상승의 이익을 실거주인인 임차인으로부터 박탈하는 내용으로서 형평의 원칙에도 크게 위배된다고 평가할 수 있다.

대법원 또한 위와 같은 행위를 민법 제103조에 위반되어 무효로 보고 있다. 대법원은 "독점규제 및 공정거래에 관한 법률(이하 '공정거래법'이라고 한다)은 사업자가 자기의 거래상의 지위를 부당하게 이용하여 상대방과 거래하는 행위로서 공정한 거래를 저해할 우려가 있는 행위를 금지되는 불공정거래행위의 하나로 규정하고 있다(제23조 제1항 제4호). 이러한 거래상 지위의 남용행위가 공정거래법상 불공정거래행위에 해당하는 것과 별개로 위와 같은 행위를 실현시키고자 하는 사업자와 상대방 사이의 약정이 경제력의 차이로 인하여 우월한 지위에 있는 사업자가 그 지위를 이용하여 자기는 부당한 이득을 얻고 상대방에게는 과도한 반대급부 또는 기타의 부당한 부담을 지우는 것으로 평가할 수 있는 경우에는 선량한 풍속 기타 사회질서에 위반한 법률행위로서 무효이다."라고 판시했다(대법원 2017. 9. 7. 선고 2017다229048 판결 등).

요컨대 감정평가금액은 비록 개별 감정평가업자의 판단에 따르기는 하지만 대체로 물건의 객관적인 가치(즉 시세)를 반영하는 점, 시세 이상으로는 누구도 분양을 받으려 하지 않을 것인 점 등을 종합하여 볼 때 분양전환가격을 감정평가금액으로 간주하는 임대사업자 주장은 주택 공급(분양) 이후 시세 상승에 따른 이익을 완전히 임대사업자에게만 전속시키는 것이 되고 결과적으로 우월적 지위에 있는 매도인으로 하여금 최대한의 이익(매매대금)을 수취할 수 있도록 허용하게 된다. 이는 경제력의 차이로 인하여 우월한 지위에 있는 사업자가 그 지위를 이용하여 자기는 부당한 이득을 얻고 상대방에게는 과도한 반대급부 또는 기타의 부당한 부담을 지우는 현저히 불공정한 내용으로서 선량한 풍속 기타 사회질서에 위반하고 민법의 대원칙인 사적 자치의 원칙과 신의성실의 원칙 또한 근본적으로 침해하여 무효이다(제1조, 제103조, 제104조 위반).

라. 2006년초 분양가 상한제를 둘러싼 이해관계의 충돌

건설사 측은 분양가 상한제 적용을 반대했다. 분양가 상한제를 반대하는 간행물을 발행해 여론을 전환하려고도 했다. 예컨대 주택산업연구원 소속 연구위원은 2006. 1. 3. "분양가규제의 부작용과 개선방안"이라는 간행물을 통해 '분양가 상한제는 위헌이며 잘못된 제도이므로 폐지되어야 한다'고 공격했다. 위 주택산업연구원은 건설교통부 산하단체인 한국주택협회, 대한주택건설협회 그리고 대한주택보증 주식회사가 공동 출연하여 1994년 설립된 연구기관이었다. 위 간행물 내용을 요약해 보면 아래와 같다.

〈'분양가규제의 부작용과 개선방안'의 요지〉

○ 분양원가 공개 등 분양가격 규제는 주택건설업체의 자유로운 영업활동을 본질적으로 침해한다.

○ 주택건설업체의 채산성을 약화시켜 주택공급을 위축시킨다. 동시에 분양가격의 하락은 주택의 질을 저하시킨다. 주택공급 감소는 장기적으로 주택가격을 상승시키는 요인으로 작용할 수 있어 주택시장의 안정성도 해칠 수 있다.

○ 전체적으로 효율성을 저해시키면서 사회적 비용을 발생시킨다.

○ 주택공급이 감소하므로 오히려 자가 소유율의 증가 속도를 늦출 수 있어 주거복지 제고는 물론 오히려 주택소유구조의 형평성을 저해한다.

○ 주택건설산업의 위축은 산업연관효과를 통한 생산유발이나 고용유발을 감소시켜 경제의 성장 동인을 약화시키고 내수시장을 침

> 체시키는 결과를 초래할 수 있어 주택시장의 수급 불일치로 인한 효율성 저하뿐만 아니라 경제에 미치는 영향이 막대하다는 것을 짐작할 수 있다.
>
> ○ 분양가격 규제는 두 가지 측면에서 주택시장 안정화를 해친다. 첫째, 앞에서 언급한 바와 같이 시세차익을 목적으로 분양시장에 참여하는 투자목적의 수요로 인해 분양시장은 과열될 수밖에 없다. 다음으로는 시세차익에 대한 과열이 주변지역으로 확산되는 문제이다.
>
> ○ 분양가격을 규제할 경우, 소비자는 시세차익을 얻으나 중저품질의 주택으로 만족하게 된다. 반면, 주택건설업체의 최소한의 이윤 혹은 기업운영비 충당으로 그칠 것으로 예상된다.

'분양가 상한제는 위헌이고 잘못된 정책이므로 폐지되어야 한다'는 내용의 위 간행물(물론 이러한 내용은 실제 분양가 상한제의 효과에 비추어 볼 때 오류가 분명하다)이 2006. 1.경 배포된 사실을 고려해 볼 때 언론사들이 2005년말까지 '판교 공공임대주택에 분양가 상한제가 적용된다'는 보도를 반복하다가 2006년이 되자 대부분 이러한 내용의 보도를 중단한 까닭은 아마도 간행물을 발간한 세력의 압력 또는 회유 때문이었던 것 같다.

위와 같은 건설사(한국토지주택공사)와 일반 대중 사이의 이해갈등은 현재까지도 이어지고 있다.

분쟁의 원인과 대책

　지금까지 10년 공공임대주택의 분양전환을 둘러싼 여러 법률적 쟁점들(1.항에서부터 8.항까지)을 살펴보았다. 특히 가장 중요하다고 할 수 있는 분양전환가격 결정기준(7.항)과 '분양가 상한제가 적용된다'는 필자 주장을 뒷받침하는 제반 사정들(8.항)을 더욱 상세하게 검토했다. 상식과 정의관념에서 10년 공공임대주택의 분양전환을 어떻게 바라볼 것인지(9.항)도 간단하게나마 고민해 보았다. 이번에는 이러한 문제가 발생하게 된 이유를 저자 나름대로 추론해 보면서, 앞으로 이와 같은 부조리가 재발하지 않도록 하려면 어떤 대책을 강구해야 할지 여러 생각을 나눠 보고자 한다.

가. 건설사의 과도한 이윤추구와 언론의 잘못

　임대사업자(건설사)와 임차인 사이의 이해관계 대립이 이렇게까지 극심한 이유는 우선 임대사업자의 과도한 이윤 추구 때문일 수 있다.

⑴ 사실 임대사업자와 임차인 간의 이해관계가 타협을 이룰 가능성은 처음부터 희박했던 것 같다. 2006년 최초 주택공급계약 체결 당시 임대주택법 시행규칙에 이 주택의 분양전환가격이 얼마인지를 일반인이 보기에도 명확하게 규정했으면 좋았을 것이다. 하지만 그렇지 않은 탓에 치열한 갈등은 예견되어 있었다.

아마도 민간 임대사업자들은 2006년초 상호 협조를 통해 어느 한 곳이라도 분양가 상한제가 적용되는 일이 생기지 않도록 미연에 방지하고자 노력했던 것 같다(8.의 아.항 성남시장의 입주자모집공고 승인처분과 관련한 내용 참조). 한국토지주택공사 또한 민간 건설사(임대사업자)들과 상호 연락하는 관계에 있었을 것 같다. 한국토지주택공사의 2006. 3. 24.자 입주자모집공고[95] 및 주택공급계약서[96]에는 '분양전환가격 산정기준은 분양전환당시의 감정평가금액으로 한다.'는 내용이 포함되어 있었는데 반해, A건설사에 대한 성남시장의 2006. 3. 28.자 승인통보에 첨부된 입주자모집공고안에는 '대규모 택지지구에 건설되는 분양가 상한제 아파트에 해당'된다는 내용이 포함되어 있었다. 만약 상호 협조나 연락 없이 A건설사 등이 성남시장의 승인통보대로 실제 입주자모집공고를 하였다면 이들 임대사업자가 공급한 임대주택에 대해서는 분양가 상한제가 적용되고 한국토지주택공사가 공급한 임대주택에 대해서는 분양가 상한제가 적용되지 않는(분양전환가격이 분양전환당시의 감정평가금액이 되는) 것처럼 보이는 초유의 사태가 벌어졌을 것이기 때문이다.

이와 같은 혼란을 막기 위해 나름대로 상호 협조 또는 연락을 했다면 그 과정에서 해당 임대주택이 분양가 상한제 적용주택임을 인지하였을 수도 있었을 것이다. 그러나 불행히도 모든 임대주택에 분양가 상한제가 적용되지 않는 것으로 정리하고 임차인과의 분쟁을 감수한 것 같다. 한국토지주택공사는 2006. 3. 24. 입주자모집공고 및 그 이후 체결한 주택공급계약서에 '분양전환가격은 분양전환당시의 감정평가금액'이라고 명확하게 규정함으로써 임대의무기간 경과시까지의 시세차익을 모두 얻겠다는 계획을 착실하게 실행해 갔던 것으로 보인다. 그리고 민간 임대사업자들은 성남시장의 2006. 3. 28.자 승인통보에 첨부된 입주자모집공고안을 고려한 듯 주택공급계약서에 '분양전환가격은 분양전환당시의 감정평가금액'이라고 직접적으로 명확하게 규정하는 대신 '분양전환가격의 산정방법은 임대주택법, 동시행령 및 규칙에 따른다'라고 소극적으로만 기재했다.

필자의 추론이 틀렸을 수 있다. 민간 사업자들은 주택공급계약서에 그렇게만 기재해도 결과적으로 '분양전환가격은 분양전환당시의 감정평가금액'이라는 동일한 결론에 이르게 될 것이라고 판단했을 수도 있다. 해당 임대주택이 분양가 상한제 적용주택이 아니라고 확신했을 수도 있다. 하지만 '입주자모집공고 당시의 주택가격'의 공고를 누락한 행위 및 성남시장으로부터 승인받은 입주자모집공고안 내용 중 가장 중요한 분양가격에 관한 내용을 삭제한 행위는, 만약 그에 대한 정당한 법적 근거가 없다면, 주택법에 정면으로 위반한 것으로서 주택법 제97조 제8호에 따라 2년 이하의 징역 또는 2천만 원 이하의 벌금에 처해질 수 있는 행위라는 점을 간과할 수 없다. 그들의 행위가 적법하다고 확신했다면 적어도 성남시장을 상대로 공문(내용증명)을 보내어 나름 그 행동을 정당화할 법적 근거를 남기거나 성남시장을 상대로 행정소송을 진행했을 것이다. 단순히 실무자의 실수는 아닌 것으로 추측된다(8.의 아.항 성남시장의 입주자모집공고 승인처분과 관련한 내용 참조).

(2) 판교 10년 공공임대주택의 분양전환에 관한 분쟁이 첨예해진 까닭은 물론 주택가격이 폭등했기 때문이기도 하다. 그런데 필자는 주택가격이 건설사의 의지와 무관하게 우연히 폭등했다고 생각하지 않는다. 주지하다시피 주택가격 상승과 건설사들의 이익은 상호 강력한 정비례관계를 가지고 있다. 그리고 건설사들은 정치인·공직자·언론인·전문가집단 등과 긴밀한 협력관계를 형성해 오면서 자신들에게 유리한 방향으로 부동산정책을 변경하기 위하여 노력해 왔고, 입법과정과 정책형성과정에 강력한 영향력을 행사해 왔으며, 이를 통해 실제로 주택가격 상승 등의 목표를 달성해 왔다고 생각한다. 특히 공공임대주택의 분양전환가격이 감정평가금액(시가)이라고 믿는 임대사업자(건설사)들이 주택시장 부양과 주택가격 상승을 위해 투입한 노력, 시간과 비용은 매우 클 것으로 생각한다. 그런 그들이 새삼스럽게 10년 공공임대주택의 분양전환가격이 '최초 입주자모집 당시의 주택가격'이라거나 '분양가 상한제 적용 주택가격'이라고 순순히 인정할 리는 없을 것이다. 분쟁은 심각할 수밖에 없을 것이다.

참고로 분양가 상한제 시행과 주택가격 추세는 매우 밀접한 관계를 가지고 있다. 1977년 도입된 원가연동제[97]가 1998년말 폐지된 직후 주택가격은 급상승했고[98], 2014년 분양가 상한제가 폐지된 이후에도 마찬가지였다. 2014. 12. 29. 국회 본회의에서 분양가 상한제 폐지법안을 포함한 부동산 3법 개정안[99]이 통과되었는데, 위 법안들이 통과된 직후 2015년 송파가락시영아파트를 비롯한 강남 3구의 다수 아파트들이 줄지어 재건축에 들어갔고 재건축아파트 가격은 급등했다.[100] 강남 3구 재건축아파트 가격의 상승은 이후 인근 지역, 서울 전역, 수도권을 거쳐 전국의 주택가격 상승을 연쇄적으로 촉발했다.[101]

2014. 12. 29. 국회 본회의에서 분양가 상한제 폐지법안을 포함한 부동산 3법 개정안이 통과된 것은 건설회사의 수익을 키우는 데 큰 기여를 했다. 부동산 3법이 통과되자 건설회사는 재건축아파트 등 주택건설 수주물량이 급증했다. 분양가 상한제가 폐지된 지 1년 만에 국내 건설 수주액은 전년 107조 대비 158조원으로 급등했다. 주택가격이 급등함에 따라 엄청난 시행이익을 향유했을 수도 있었다. 10년 공공임대주택 임대사업자의 경우 분양전환을 통한 막대한 초과이윤을 기대할 수 있었다. 그러나 2014. 12. 국회 국토교통위원회 모 국회의원은 부동산 3법에 찬성하는 이유를 '건설사의 생존이 위협 받고 있기 때문'이라고까지 표현했다(당연히 사실이 아니었다).

⑶ 건설사는 많은 대형 언론사의 주요 광고주이거나 주주로서 그들과 긴밀한 이해관계를 형성하고 있다. 특히 건설회사의 광고는 언론사에게 큰 수익원이다. 많은 언론은 건설사에게 중립적이긴 어렵다. 여러 언론사들은 2005년에는 판교 공공임대주택 예비 입주자들에게 해당 임대주택이 '분양가 상한제 적용주택'이라는 인식을 적극적으로 심어 주었으나, 무슨 이유에서인지 알 수 없지만 정작 분양이 시작된 2006년에는 이에 관하여 침묵으로 일관했다. 임차인들이 임대인과 분양전환에 관한 첨예한 갈등을 빚게 된 것에 언론사의 잘못이 적다고 할 수 있을까.

요약하면 임대사업자와 임차인 사이의 분쟁이 극심하게 된 것은 우선 민간 임대사업자들과 한국토지주택공사의 과도한 이윤 추구 때문인 것 같다. 만일 건설사들이 부동산 3법 개정안을 비롯한 각종 부동산 정책 수립에 많은 영향력을 행사해 왔다면 판교 공공임대주택의 분양전환에 대해서도 순순히 분양가 상한제 적용을 수용할 뜻은 처음부터 없었을 것이다. 언론사 또한 임차인과 임대사업자 사이의 갈등을 더욱 심화시키는 역할을 했다고 생각한다.

나. 부실한 입법과 입법형성과정상의 문제

⑴ 어떤 경위에서였든, 임대주택법 시행규칙 별표 1 상한규정이 제대로 정비되지 않은 상태에서 2006년 판교에서 10년 공공임대주택이 공급되기 시작했고, 한국토지주택공사와 민간 임대사업자들

은 이러한 외관상의 허점을 이용하여 그 주택의 입주자모집공고시 분양가 상한제와 관련된 내용을 배제하고 '분양전환시 감정평가금액이 분양전환가격'이라는 취지의 위법한 내용으로 이를 대신하게 했다.

이처럼 판교 공공임대주택의 입주자모집공고 당시 마치 그 주택에 분양가 상한제가 적용되지 않는 것처럼 위법하게 공고되었음에도 불구하고, 전문가·국회·정부·언론의 무관심과 무주택 서민들의 법 해석·평가능력의 부족으로 인하여 이 문제는 사회적인 이슈가 되지 못했다.

판교 공공임대주택에 분양가 상한제가 당연히 적용된다거나 입주자모집공고 내용이 위법·부당하다고 생각한 임차인들이 뒤늦게 문제제기를 했으나, 이미 한국토지주택공사와 민간 임대사업자들이 막대한 이익(시가 상승에 따른 자본이득)을 얻을 것으로 예상되는 상황이 된 이후에 자신들의 기존 입장을 번복할 리 만무했다. 결국 분양가 상한제 적용여부는 임대의무기간 10년이 종료된 이후로 미뤄진 것이다.

이러한 일련의 과정을 살펴보면 판교 임대주택 분양전환 관련 분쟁의 주된 원인은 건설교통부가 당시 10년 공공임대주택의 분양전환가격을 임대주택법 시행규칙 별표 1에 상세하게 규정하지 않은 것에 연유하는 것으로 보인다. 그러나 근본적 문제는 행정입법 형성과정의 특성에도 있다.

⑵ 새로 도입되는 정책과 제도에 대한 입법은 당연히 미비할 수밖에 없다. 그러나 국회가 법률을 제개정하는 단계에서 발생하는 입법상의 미비는 특히 행정법 분야에서는 크게 문제되지 않을 것이다. 행정입법(대통령령, 부령, 법령의 성격을 갖는 행정규칙 등을 포함한다) 없이 법률만으로 곧바로 정책이 집행되는 경우는 많지 않기 때문이다. 그러나 행정입법의 경우는 다르다. 예컨대 대통령의 지시 이행을 위해 행정입법을 제대로 정비되지 않은 채 섣불리 정책부터 먼저 추진하는 경우에는 심각한 문제가 발생할 수 있다. 정책을 뒷받침하는 법규가 마련되어 있지 않거나 정책과 법규가 서로 일치하지 않거나 심각한 경우 서로 모순되는 등의 문제를 일으킨다. 심지어 법규인지 아닌지 분명하지 않은 행정청 내부 규정도 너무 많다.

이러한 행정입법의 미비와 오류를 미리 발견할 기회가 국민에게 있는가. 이를 시정하거나 통제할 권리가 있는가. 행정입법에 앞서 예고를 하는 경우[102] 국민이 의견을 제출할 수 있다. 그러나 행정청이 이를 반드시 반영할 필요는 없고,[103] 입법 후 국회 소관 상임위원회에 이를 제출하면 된다.[104] 행정입법안을 마련하기 위해 반드시 사전에 공청회나 토론회 등의 절차를 반드시 거쳐야 할 의무도 없다. 행정입법 이후에도 국민이 행정입법의 미비와 오류를 찾아내기도 어렵거니와 설령 발견한다고 하더라도 단순히 민원을 제출하여 행정입법에 반영하는 것은 결코 쉬운 일이 아니다. 청원법[105]에 따라 청원을 할 수는 있으나 실제 반영된 사례를 찾기 어렵다. 행정입법에 대한 해당 부처의 입장과 담당공무원의 재량은 결정적인 것 같다.

이런 상황에서 판교 공공임대주택 공급 당시 건설교통부 담당공무원이 임대주택 입주희망자나 일반 국민을 만나 행정입법에 관한 의견을 수렴했을 가능성은 희박하다. 반면 한국토지주택공사 또는 민간 임대사업자(건설회사)로부터는 분양가 상한제(분양전환가격)에 관한 의견을 전달 받았을 수는 있다. 이러한 행정입법과정의 특성으로 인하여 판교 공공임대주택 임차인들의 권익은 그늘에 가려진 채 2019년에 이른 것 같다.

다. 충실한 법적 해석과 평가의 미비

판교 공공임대주택의 분양전환에 대하여 분쟁이 격화된 것에는 임차인 측이 자신의 법적 지위를 충분히 파악하지 못한 데에도 그 원인이 있다. 임차인들은 분양주택의 당첨자로서 주택을 공급 받았으므로 주택공급계약 체결 당시 법령이 규정한 분양가 상한제(또는 분양전환가격 규제)의 적용을 받는다는 점을 입주 무렵부터 분명히 했어야 한다. 분양전환가격에 관한 입주자모집공고 내용과 그 이후 체결된 주택공급계약서의 내용 중에서 당시 법령에 위반되는 부분이 무효라는 점 또한 지적했어야 한다. 그리고 필요할 경우 소송도 제기했어야 한다.

다만 한국토지주택공사가 공급한 임대주택의 일부 임차인들이 소송을 제기한 적이 있으나, 아마도 이러한 점을 충분히 피력하지는 못하여[106] 패소에 이른 것 같다(대법원 2012. 7. 12. 선고 2010다36261 판결).

이 패소판결 이후 임대사업자는 "구 주택법 제38조의2 제1항에서 정한 분양가 상한제가 적용되지 않는다"는 결론[107]만을 강조했다. 임차인들은 그 결론이 과연 타당한 것인지 면밀히 분석하지도, 제대로 된 반박을 하지도 못했다.

물론 법률전문가가 아닌 일반인이 당시 구 주택법과 임대주택법을 면밀히 분석하여 충실한 법적 해석과 평가를 내리지 못한 것을 두고 잘못이라고 비난할 수만은 없을 것이다.

라. 재판을 통한 분쟁해결의 가능성

소송을 통해 판교 공공임대주택 분양전환과 관련한 분쟁이 원만하게 해결될 수 있을까.

(1) 법률 지식과 판결 정보의 접근성이 여전히 낮은 현재 상황에서는 당사자가 사전에 충분한 준비를 갖춘 후에 충실하게 소송이 진행하는 것은 어려워 보인다.

인터넷과 스마트폰이 확산되기 전 우리나라는 지식과 정보의 전달이 제한적이었고 충분히 공유되지 못했다. 법률 지식과 정보는 더더욱 제한적이었다. 헌법 제109조[108]는 판결을 공개하도록 규정했으나 과거 법원은 확정 판결 대부분을 공개하지 않았다. 심리와 판결의 공개는 재판의 공정성과 투명성을 확보하여 법원에 대한 국민의 신뢰를 회복하도록 하는데 필수적인 수단이다. 이런 이유로 민사소송법이 2007. 5. 17. 법률 제8438호로 개정되면서 제162조 제2항[109] 부분이 신설되었다. 이후 민사소송법이 2011. 7. 18. 법률 제10859호로 개정되면서 제163조의2가 신설되어 누구든지 확정된 사건 판결서를 인터넷, 그 밖의 전산정보처리시스템을 통한 전자적 방법 등으로 열람 및 복사할 수 있게 되었다. 최근 2020. 11. 19.에는 위 규정이 다시 개정되어 판결정보에 대한 접근권이 한층 강화되었다.[110] 이와 같은 판결정보에 대한 접근성 강화조치는 법원이 국민의 신뢰를 회복할 수 있는 계기가 될 것이다(필자 또한 큰 기대를 가지고 있다!).

그러나 그 시행일은 지금으로부터 2년 후인 2023. 1. 1.이다. 수많은 판결정보 중 원하는 정보를 얼마나 쉽고 빠르게 찾아 낼 수 있는지는 별개의 문제이다. 인터넷 등을 통해 각종 법률 지식과 판결정보를 쉽게 입수하여 소송에 활용한다고 하더라도 그것이 곧바로 실제 판결에 대한 신뢰 회복으로 이어질지도 의문이다. 1회적인 과제가 아니라 법원이 끊임없이 해결해야 하는 숙제이다.

(2) 판교 공공임대주택 임차인들은 분양전환가격을 다투는 소송에서 패소판결을 받을 경우 쉽사리 승복하지는 않을 것으로 보인다.

우리나라는 1심 및 2심 판결에 불복하는 비율(항소율과 상고율)이 매우 높다. 2018년도 민사 본안 합의사건 항소율은 40%이고, 상고율은 34%였다.[111] 게다가 70% 이상의 상고사건이 실질적인 심리 없이 기각(심리불속행기각)되고 있기 때문에 상고심은 실질적으로 유명무실하다.[112] 운 좋게 심리불속행기각을 면하더라도 2심 판결이 파기되는 비율은 겨우 5~6%에 불과하다. 그럼에도 불구하고 당분간 항소율과 상고율이 낮아질 것 같지는 않다.

법원 판결에 불복하는 비율이 높은 이유는 무엇일까. 각종 사법제도적 요인도 있을 것이고, 사회·문화·관습 관련 요인도 있을 것이다. 개인의 심리적 요인도 물론 있을 것이다. 판교 공공임대주택 임차인들의 경우 과거 진행되었던 여러 소송에서 많은 패소 판결(예컨대 임대인의 차임증액청구를 인용한 사건, 분양절차중지가처분신청을 기각한 사건 등)을 받았다는 호소를 하며 막연히 법원의 공정성과 객관성을 의심하는 경우도 있다.

필자의 경험상 예상과 많이 다른 판결이 나왔을 때 당사자가 불복한 적이 많았다. 소송대리인으로서도 납득하기 어려워 대체로 불복을 권유하게 된다. 당사자와 소송대리인이 함께 소송을 진행하다 보면 승패를 가를 것으로 예상되는 핵심 쟁점이나 증거에 주된 관심을 두게 되고, 승소가능성 또한 위 쟁점과 증거관계를 고려하여 추측을 하게 된다. 그런데 당사자와 소송대리인이 예상치 못했던 쟁점 또는 증거를 통해 패소판결을 받거나, 당사자와 소송대리인이 공감했던 핵심 쟁점이나 증거의 증명력에 대해 법원이 전혀 예상치도 못한 평가를 내림으로써 그러한 부정적 평가에 기반하여 예기치 못한 패소판결을 받게 되면 이들은 충격에 빠지게 된다. 기각될 가능성이 높은지를 떠나 일단 항소나 상고를 적극적으로 고려할 수밖에 없었다. 그렇다면 이러한 예기치 못한 판결을 받게 되는 이유가 어디에 있을까. 물론 여러 가지 이유가 있을 수 있겠지만[113] 상당 부분은 적어도 법원의 과중한 사무 부담에 기인하는 것으로 보인다. 유력한 연구에 따르면 과거 30년 간 사건 수는 폭증했으나 판사 인력은 충분히 증원되지 못했다고 분석하고 있다.[114]

판교 공공임대주택 임차인들의 분양전환가격 관련 소송의 경우에도 마찬가지이다. 소송의 중요성을 감안하여 핵심 쟁점과 증거관계에 대하여 상호 충분한 시간을 두고 내실 있는 심리를 거치도록 해야 한다. 심리 과정에서 성남시장, 임대사업자 및 임차인 사이에 존재했던 불필요한 오해가 해소될 수도 있을 것이다. 그 이후 판결이 내려진다면 예상치 못한 판결을 이유로 한 불복가능성을 현저하게 줄일 수 있을 것이다. 그 과정에서 임차인들이 법원의 공정성과 객관성에 대하여 가진 여러 의심들 또한 원만히 해소될 수 있을 것이다.

마치며

가. 누가 시세차익을 얻는가의 문제가 아니다. 누구에게 귀속되어야 할 재산인가의 문제이다.

필자가 판교 임대주택이 분양가 상한제 적용주택이라고 주장하는 까닭은 최초 공급시부터 분양주택의 성격을 가지고 있었기 때문이지, 그 시세차익 전부를 임차인이 향유하도록 보장해야 한다는 뜻은 아니다.

사유재산제도는 절대적인 것이 아니다. 다른 자유권적 기본권과는 달리 재산권의 내용과 한계는 법률 제정을 통해 비로소 현실화되는 것이지 법률이 제정되기 전에는 구체적인 재산권은 존재하지 않는다(헌법 제23조 제1항[115]). 설령 법률이 아무리 재산권을 절대적인 것으로 규정하더라도 재산권의 행사는 결코 공공복리에 위배되어서는 아니 된다(같은 조 제2항).

특히 토지는 인간이 만들어낸 것이 아니라 자연으로부터 잠시 사용을 허락받은 것이고 후손들에게 대대손손 물려줘야 할 자원이다. 그래서 그 사회성, 공공성은 재산권 중에서 가장 높다(헌법 제120조 제2항[116]).

물론 개인이 토지의 사용가치(유용성)를 상승시킨 경우 국가는 개인이 그 행위에 따라 이익을 실현하는 것을 방해해서는 안 된다(예컨대 건물을 축조하여 토지의 사용가치가 상승한 경우 축조된 건물 그 자체의 재산권도 물론 별도로 보장해야 하지만, 만약 건물 건축 과정을 통해 토지의 사용가치 또한 상승하였다면 그 상승분은 개인이 모두 향유할 수 있도록 보장해야 한다). 하지만 개인이 토지의 가치를 제고시키는 그 어떤 자본적 지출을 하지 않았음에도 불구하고 단순히 토지 거래를 통해서 이익을 얻게 되었다면 그 이익은 국가가 마땅히 실현을 보장해 주어야 할 만한 성질의 것이 아니다. 특히 어떤 지역 및 특정 시기의 토지거래에 이러한 불로소득의 액수가 특별히 높아 실질적으로 근로의욕을 저해할 정도에 이르게 된 경우 이는 공공복리에 적합하지 않는 것으로 보아야 한다.

헨리 조지를 비롯한 많은 경제학자들이 동의하듯 지구상에서 가장 비싼 토지, 임대료가 제일 높은 토지는 그 자연적 비옥도가 높은 토지가 아니라 인구증가로 인해 초과효용이 부여된 토지이다. 그리고 수도권 토지가격 증가는 대체로 해당 지역에 정주하거나 해당 지역을 이용하는 사람이 많아졌기 때문이지 토지 소유자가 토지에 무슨 자본적 지출을 했기 때문이 아니다. 국가가 지하철이나 도로를 개설하거나 각종 기반시설을 설치함으로써 발생한 토지가격 상승분을 인근 지역의 토지소유자만이 향유해야 한다는 법 원칙도 없다.

이미 국민의 절반 이상이 수도권에 집중된 현재 상황에서 수도권 주택가격의 급격한 상승은 근로의욕을 크게 좌절시키는 수준에 이르렀다. 지역 간, 계층 간 갈등과 혐오를 재생산하고 있다. 그러므로 특히 수도권(특정 지역)의 경우 별다른 자본적 지출 없이 토지 거래를 통해서만 막대한 이익을 얻는 행위 자체는 공공복리에 적합하지 않아 위헌이라고 보아야 한다. 그리고 국가로서는 마땅히 그 거래를 통한 이익을 실질적으로 환수해야 한다.

물론 화폐가치하락 즉 물가상승에 따른 차익은 공제해야 마땅하다. 또한 토지와 건물을 동시에 매매하는 경우 건물가격 부분에 대한 양도차익에 대해서는 고율로 과세할 이유가 없다. 건물 신축 기타 토지를 개발하는 과정에서 상승한 토지의 사용가치 상승액 부분 또한 개인이 모두 향유할 수 있도록 보장해야 한다. 그러므로 토지 부분에 대한 불로소득 부분만을 정확하게 가려 산정하는 것은 실질적으로 매우 어려울 것이다. 따라서 사회적 합의를 거쳐 일반적으로 허용 가능한 범위 내의 가장 높은 세율의 양도소득세를 부과하는 것이 현실적인 대안이 될 것이다.

이렇게 국가가 '토지'에 대한 불로소득인 양도차익의 대부분을 조세부과를 통해 환수하더라도 위헌은 아니라고 생각한다. 토지를 사용·수익할 권리가 제한된 것도 아니고 그 사적 유용성이나 처분권이 심각하게 침해된 것도 아니다. 재산 양도차익에 대한 고율의 과세가 금지된다는 취지의 법 원칙도 없고, '재산으로부터 양도차익을 얻을 권리'를 재산권(처분권)의 본질적 내용이라거나 사유재산제도의 근간이라고 볼 수도 없다.

〈헌법재판소 1998. 12. 24. 선고 89헌마214,90헌바16,97헌바78 결정 중 일부〉

> 헌법상의 재산권은 토지소유자가 이용가능한 모든 용도로 토지를 자유로이 최대한 사용할 권리나 가장 경제적 또는 효율적으로 사용할 수 있는 권리를 보장하는 것을 의미하지는 않는다. 입법자는 중요한 공익상의 이유로 토지를 일정 용도로 사용하는 권리를 제한할 수 있다. 따라서 토지의 개발이나 건축은 합헌적 법률로 정한 재산권의 내용과 한계내에서만 가능한 것일 뿐만 아니라 토지재산권의 강한 사회성 내지는 공공성으로 말미암아 이에 대하여는 다른 재산권에 비하여 보다 강한 제한과 의무가 부과될 수 있다. (중략) 토지재산권은 강한 사회성, 공공성을 지니고 있어 이에 대하여는 다른 재산권에 비하여 보다 강한 제한과 의무를 부과할 수 있으나, 그렇다고 하더라도 다른 기본권을 제한하는 입법과 마찬가지로 비례성원칙을 준수하여야 하고, 재산권의 본질적 내용인 사용·수익권과 처분권을 부인하여서는 아니된다.

그러므로 설령 10년 공공임대주택 임차인들이 최초 입주자모집 당시의 주택가격으로 분양전환을 받은 후 향후 해당 주택을 매각할 경우 얻게 될 양도차익을 (다른 주택 소유자와 평등하게) 국가가 양도소득세 부과를 통해 회수한다고 하더라도 필자는 이에 전혀 반대하지 않는다.

참고로 지나친 고율의 '보유세' 부과는 위헌이다. 보유세가 개인이 재산으로부터 얻는 이득의 일정 비율을 넘어서게 되면 실질적으로 그 재산 중 일부를 매각하지 않으면 보유세를 납부할 수 없는 상태가 되고 이러한 상황을 헌법이 용인할 수는 없다. 단지 재산을 보유하는 자에게 부과된 납세의무로 인하여 그 재산권 자체가 줄어들게 하는 것은 재산권을 침해하는 것이 맞다(물론 공공성이 특별히 높은 일정 지역에서 지나치게 공공성을 저해하는 용도로 사용되는 비업무용 토지에 대해서는 정책적인 고려를 통해 고율의 과세를 할 수는 있을 것이다). 결국 지나친 보유세 부과는 한시적(限時的)인 '보여 주기' 정책이 될 가능성이 높다. 위헌 결정이나 정치적 압력으로 인해 철회가 될 경우, 사회가 입게 될 부작용이 더 클 수 있어 우려된다.

나. 언론은 사회적 책임을 다해야 한다.

2005년경 다수 언론은 판교 공공임대주택이 분양가 상한제 적용 주택이라고 보도했다. 그러나 언론사가 뒤늦게 잘못된 보도라고 생각했다면 적어도 너무 늦기 전에 사회적·윤리적 책임을 통감하고 최소한 바로 잡는 내용의 보도라도 했어야 한다. 반대로 분양가 상한제 적용주택이 맞다면 2006. 3.경 분양 무렵에도 당당히 그와 같이 보도했어야 했다. 그러나 언론은 2006년 이후 줄곧 침묵해 왔다. 건설사와 언론의 유착관계를 문제 삼는 것이 아니다. 언론의 기본적인 사회적 책임을 묻는 것이다. 지금은 2006년의 상황과 다른가.

인간은 호기심을 가지고 있지만, 막상 자신에게 익숙한 것이 옳다고 믿고 또 선택한다.[117] 언론 보도와 광고는 이것을 증명하고 있다. 특히 최근에는 정치신념이 양극화됨에 따라 언론의 수요자 층도 갈수록 분화되고 있다. 고객층인 독자의 비판은 기대하기 어렵다. 정치신념이 다른 독자로부터는 무시를 당할 뿐이다. 언론이 사회로부터 통제를 받을 가능성과 스스로를 통제할 가능성은 지속적으로 낮아져 가고 있다. 유튜브 등의 소셜미디어가 새로운 언론으로 부각되고 있지만 특정 구독자 그룹을 만족할 수 있는 맞춤형 컨텐츠를 제공하는 것이 우선인 것 같다. 이러한 새로운 미디어 플랫폼에 사회적 책임성이라는 방울을 달 주체도 없는 것 같다. 다양한 여론으로부터 다각도로 충분한 비판을 받아 가며 성장해갈 언론을 찾기 힘들다.

게다가 코로나 재난상황에 가계·기업부채는 세계 최고수준인데도 불구하고, 최근 수년 사이에 주식과 부동산 가격은 비약적으로 상승해 왔다. 기존 언론 뿐만 아니라 최근 새롭게 등장한 소셜미디어의 기여도 컸던 것 같다. 예상가격 정보를 생산하고 실시간으로 배포하여 매수세를 대량 재생산했고, 생산했던 정보를 얼마 후 현실로 창조하고 있다. 유동성만이 아니라 기대의 자기실현 메카니즘 (Self fulfilling expectation)이 인터넷과 스마트폰을 통해 전세계로 폭발하고 있다(4차 산업혁명이라고 하지 않을 수 없다!). 그러나 필자의 눈에는 버블이 아닌지 매우 의심스럽다. '투기 말고 근로!'라는 윤리적 주장이 아니다. 급작스러운 가격 하락이 경제에 가져올 충격, 많은 중장년층이 향후 수십 년간 차디 찬 노후를 보내야 할지 심히 우려스러운 것이다. 판교 공공임대주택 임차인들이 소송 결과 '분양전환가격은 감정평가금액이다'라는 패소판결을 받게 된다면, 그리고 그 무렵 주택가격이 하락한다면, 임차인들은 주택가격 하락에 따른 직격탄을 고스란히 맞을 수도 있기에 하는 이야기다. 결코 언론을 비난하려는 이야기가 아니다.

다. 주택공사를 신설하고 한국토지주택공사와 경쟁하도록 하는 방안을 제시한다.

필자는 한국토지주택공사를 여러 개로 분리하여 기존 건설회사 및 한국토지주택공사와 경쟁할 수 있는 구조로 만드는 것이 필요하다고 생각한다. 한 가지 대안은, 예컨대, 현재 사회활동을 하지 않는 나이 어린 세대를 위한 별개의 주택공사(예컨대 2000년부터 2009년말까지 태어난 국민들을 위한 주택공사, 2010년부터 2019년까지 태어난 국민들을 위한 주택공사 등)를 설립하는 것이다.

국가는 그들이 일정 나이(예컨대 30세)에 이를 때부터 해당 주택공사를 스스로 설립할 수 있도록 각종 행정적·재정적 지원을 한다. 주택공사는 구성원이 이득을 향유하는 상법상 회사의 실체를 가질 수도 있고, 가능하면 구성원에 대한 이익 배분을 금지하는 취지에서 공사 내지 특수법인화할 수도 있다. 해당 구성원들은 선거 등을 통해 대표기구를 만들어 그 대표기구를 통해 설립을 준비한다. 한국토지주택공사는 오랜 기간 분할계획을 세운 후 해당 공사가 설립할 때 그 분할계획에 따라 부동산 등을 출자한다. 국가와 각 지방자치단체 역시 해당 주택공사에 소정의 출자(국채를 발행하여 기금을 조성할 수도 있다)를 한다. 위 출자 완료 즉시 출자지분은 해당 주택공사의 모든 구성원에게 무상으로 균등하게 양도한다. 국가는 전문경영인 선임을 포함한 각종 조직 구성을 지원하되 가능하면 그 소유와 경영에 관여하지 않고 그 이득이 모든 구성원에게 평등하게 분배될 수 있도록 도와 준다. 필요하면 각종 세제혜택을 준다. 그리고 수십 년이 지난 일정 시기에 이르면 자동해산하게 한다.

하나의 예시일 뿐이다. 위와 같은 제안의 취지만을 이해해 주면 좋겠다. '국가는 어떤 방법으로든 기존 세대가 향유했던 주택 소유 기회를 새로운 세대들이 가능하면 최대한 비슷한 조건으로 향유할 수 있도록 배려해야 한다'는 것이다(판교 10년 공공임대주택 분쟁을 접하며 한국토지주택공사에게 그 일을 맡기는 것은 가능하지도, 적절하지도 않다는 생각이 들어 위와 같이 제시해 보았다). 여러 주택공사들 사이의 경쟁을 통해 기존 세대들 또한 보다 좋은 분양주택 및 보다 저렴한 임대주택을 공급받을 수도 있을 것이다.

어떠한 방법이 되었든 장기간 준비함으로써 시행착오를 최대한 겪지 않도록 지금부터 구체적인 계획 수립을 위해 논의해야 한다. 지금도 많이 늦었다.

지금 존재하는 것만이 존재하는 것도 아니다. 지금 존재하는 것만이 옳은 것도 아니다.

■ 미주

1) 제10조 (임대주택의 분양제한) ① 임대주택은 대통령령으로 정하는 기간이 경과하지 아니하면 이를 분양할 수 없다.
② 임대주택의 분양조건·방법 및 절차에 관하여는 건설부령이 정하는 바에 의한다.
2) 임대주택건설촉진법 시행령 [대통령령 제11752호, 1985. 8. 29., 제정] 제6조 (임대주택의 분양제한기간) ①법 제10조제1항의 규정에 의한 임대주택의 분양제한기간은 5년으로 한다. 다만, 건설부장관은 필요하다고 인정하는 경우에는 국가 지방자치단체 또는 대한주택공사가 건설하는 임대주택에 대하여는 5년을 초과하여 분양제한기간을 정할 수 있다.
②제1항의 규정에 의한 분양제한기간내라도 건설부령이 정하는 부득이한 사유가 발생하여 관할시장(서울특별시장 및 직할시장을 포함한다. 이하 같다) 군수가 임대를 계속할 수 없다고 인정하는 경우에는 제1항의 규정에 불구하고 건설부장관의 승인을 얻어 당해 임대주택을 분양할 수 있다. 이 경우 당해 임대주택을 양도받아 임대를 업으로 영위하고자 하는 자가 있는 때에는 그에게 우선적으로 매각하여야 한다.
3) 1993. 12. 27. 법률 제4629호로 전부개정된 것(시행 1994. 4. 1.)
4) 제12조 (임대주택의 매각제한) 임대주택은 대통령령이 정하는 기간(이하 "賃貸義務期間"이라 한다)이 경과하지 아니하면 이를 매각할 수 없다. 다만, 임대사업자간의 매매등 대통령령이 정하는 경우에는 그러하지 아니하다.
5) 제9조 (임대주택의 임대의무기간) ①법 제12조본문에서 "대통령령이 정하는 기간"이라함은 다음 각호의 기간을 말한다.
2. 공공건설임대주택중 국민주택기금에 의한 자금을 지원받아 주택이

없는 근로자를 위하여 건설하는 임대주택은 당해 임대주택의 임대개시일부터 10년

6) 국민임대주택건설등에관한특별조치법 [시행 2004. 7. 1.] [법률 제7051호, 2003. 12. 31., 제정]

제2조 (정의) 이 법에서 사용하는 용어의 정의는 다음과 같다.

1. "국민임대주택"이라 함은 국가 또는 지방자치단체의 재정 및 주택법 제60조의 규정에 의한 국민주택기금(이하 "국민주택기금"이라 한다)을 지원받아 30년 이상 임대할 목적으로 건설 또는 매입되는 주택을 말한다.

7) 제2조의2 (매각가격등의 공고) 영 제9조제1항제3호의 임대기간이 5년인 임대주택의 입주자모집공고를 할 때에는 다음 각호의 사항을 포함시켜야 한다.

1. 입주자모집공고 당시의 주택가격(주택건설촉진법 제33조제1항의 규정에 의하여 임대주택으로 사업계획변경승인을 얻은 주택인 경우에는 사업계획변경승인전 최초 입주자모집공고당시의 분양가격을 말한다)
2. 임대의무기간 및 매각시기
3. 매각가격의 산정기준

(중략)

8) 1. 분양전환가격의 산정

가. 분양전환가격은 건설원가와 감정평가금액의 산술평균가액으로 한다.

나. 분양전환가격은 임대주택의 건축비 및 택지비를 기준으로 분양전환 당시에 산정한 당해 주택의 가격(이하 "산정가격"이라 한다)에서 임대기간중의 감가상각비를 공제한 금액을 초과할 수 없다.

9) 2004. 12. 8.자 17대 국회 본회의에서 위 법안이 가결선포된 후 위 법률이 2005. 1. 8. 공포되었다.

10) 김명섭 · 김광원 · 정동영 · 이강래 · 장재식 · 이호웅 · 김경재 · 구종태 · 이희규 · 송영진 · 조한천 의원 12명

11) 17대 국회의원 선거일은 2004. 4. 15.이었으므로 국회의 법률안 심의

기능은 2003년말부터 상당 부분 위축되었을 것이다. 게다가 당시 정치세력 간의 정쟁과 갈등 또한 심각한 수준으로 치달았다. 열린우리당이 2003. 11. 11. 창당한 이후 새천년민주당에 뒤처지던 지지도가 역전되어 지지율이 2위 또는 1위로 올라서는 선전을 펼쳤다. 한나라당 또한 새천년민주당과 함께 2004. 3.경 노무현 대통령 탄핵 소추안 발의를 주도하였고 2004. 3. 23. 박근혜 대표 취임을 통해 본격적인 선거 경쟁을 시작했다.

12) 대법원은 법의 해석과 법률행위 해석(계약서 등 해석)을 달리 보고 있다. 대법원은 법 해석은 법률에 사용된 문언의 통상적인 의미에 충실해야 한다고 보고 있음에 반해 법률행위 해석은 당사자가 그 표시행위에 부여한 의미를 명백하게 확정하는 것이라고 보고 있다. 즉 대법원은 "법 해석은 어디까지나 법적 안정성을 해치지 않는 범위 내에서 구체적 타당성을 찾는 방향으로 이루어져야 한다. 이를 위해서는 가능한 한 원칙적으로 법률에 사용된 문언의 통상적인 의미에 충실하게 해석하는 것을 원칙으로 하면서, 법률의 입법 취지와 목적, 제정·개정 연혁, 법질서 전체와의 조화, 다른 법령과의 관계 등을 고려하는 체계적·논리적 해석방법을 추가적으로 동원함으로써, 위와 같은 타당성 있는 법 해석의 요청에 부응하여야 한다."고 판시하고 있으나(대법원 2014. 12. 11. 선고 2013므4591 판결 등), "법률행위의 해석은 당사자가 그 표시행위에 부여한 의미를 명백하게 확정하는 것으로서 당사자가 표시한 문언에 의하여 그 의미가 명확하게 드러나지 않는 경우에는 그 문언의 내용과 법률행위가 이루어진 동기와 경위, 당사자가 법률행위에 의하여 달성하려고 하는 목적과 진정한 의사, 거래의 관행 등을 종합적으로 고찰하여 논리와 경험의 법칙, 그리고 사회일반의 상식과 거래의 통념에 따라 합리적으로 해석하여야 한다"고 판시하고 있다(대법원 2018. 7. 26. 선고 2016다242440 판결, 대법원 1992. 5. 26. 선고 91다35571 판결 등 참조).

13) 다만 요물계약은 그렇지 않다. 예컨대 대법원은 "대물변제는 본래의 채무에 갈음하여 다른 급여를 현실적으로 하는 때에 성립되는 요물계약"

이라고 보고 있다(대법원 1987. 10. 26. 선고 86다카1755 판결).

14) 여기서 계약은 계약서와 다르다. 계약서와 계약은 구별해야 한다. 계약서는 통상 계약의 성립을 증명하기 위하여 작성하는 것일 뿐이다. 다만 주택공급계약의 경우에는 주택법령이 일정한 내용을 계약서에 반드시 기재할 것을 요구하고 있기 때문에 계약서를 반드시 작성해야 하지만, 이는 법령의 요구에 따른 것이고 계약의 성립요건 자체가 달라지는 것은 아니다.

15) 참고로 대법원은 "지방재정법 제63조가 준용하는 국가계약법 제11조는 지방자치단체가 당사자로서 계약을 체결하고자 할 때에는 계약서를 작성하여야 하고 그 경우 담당공무원과 계약상대자가 계약서에 기명날인 또는 서명함으로써 계약이 확정된다고 규정함으로써, 지방자치단체가 당사자가 되는 계약의 체결은 계약서의 작성을 성립요건으로 하는 요식행위로 정하고 있으므로, 이 경우 낙찰자의 결정으로 바로 계약이 성립된다고 볼 수는 없어 낙찰자는 지방자치단체에 대하여 계약을 체결하여 줄 것을 청구할 수 있는 권리를 갖는 데 그치고 (대법원 1994. 12. 2. 선고 94다41454 판결 참조), 이러한 점에서 국가계약법에 따른 낙찰자 결정의 법적 성질은 입찰과 낙찰행위가 있은 후에 더 나아가 본계약을 따로 체결한다는 취지로서 계약의 편무예약에 해당한다고 할 것이다 (대법원 1977. 2. 22. 선고 74다402 판결, 2004. 5. 27. 선고 2002다46829, 46836 판결 등 참조). 이와 같이 낙찰자의 결정으로는 예약이 성립한 단계에 머물고 아직 본계약이 성립한 것은 아니라고 하더라도, 그 계약의 목적물, 계약금액, 이행기 등 계약의 주요한 내용과 조건은 지방자치단체의 입찰공고와 최고가(또는 최저가) 입찰자의 입찰에 의하여 당사자의 의사가 합치됨으로써 지방자치단체가 낙찰자를 결정할 때에 이미 확정되었다고 할 것이므로, 지방자치단체가 계약의 세부사항을 조정하는 정도를 넘어서서 계약의 주요한 내용 내지 조건을 입찰공고와 달리 변경하거나 새로운 조건을 추가하는 것은 이미 성립된 예약에 대한 승낙의무에 반하는 것으로서 특별한 사정이 없는 한 허용될 수 없다고 할 것이다."라고 판시하였다(대법원 2006. 6. 29. 선고 2005다

41603 판결).
16) 독일민법 제311조의b 제1항은 "일방 당사자가 토지소유권을 양도하거나 취득할 의무를 지는 계약은 공정증서의 작성을 요한다. 이 방식을 준수하지 아니하고 체결된 계약은 부동산소유권양도합의와 등기부에의 등기가 행하여지는 때에는 그 내용 전부가 유효하게 된다."고 규정함으로써 부동산매매계약을 요식행위로 규정하고 있다. 우리 민법상 요식행위는 극히 예외적으로만 인정 되고 있다. 법인의 설립행위(민법 제40조, 제43조)와 유언(민법 제1060조), 어음행위(어음법 제1조, 제75조), 수표행위(수표법 제1조) 등이 그것이다(이상 현소혜, "要式行爲의 解釋과 暗示理論: 특히 유언의 해석을 중심으로", 민사법학 45-1호 (2009. 06)(2009), 한국사법행정학회, 255면 이하에서 인용).
17) 대법원은 "민법 제137조는 임의규정으로서 의사자치의 원칙이 지배하는 영역에서 적용된다고 할 것이므로, 법률행위의 일부가 강행법규인 효력규정에 위배되어 무효가 되는 경우 그 부분의 무효가 나머지 부분의 유효·무효에 영향을 미치는가의 여부를 판단함에 있어서는 개별 법령이 일부무효의 효력에 관한 규정을 두고 있는 경우에는 그에 따라야 하고, 그러한 규정이 없다면 원칙적으로 민법 제137조가 적용될 것이나, 당해 효력규정 및 그 효력규정을 둔 법의 입법 취지를 고려하여 볼 때 나머지 부분을 무효로 한다면 당해 효력규정 및 그 법의 취지에 명백히 반하는 결과가 초래되는 경우에는 나머지 부분까지 무효가 된다고 할 수는 없다."고 판시한 바 있다(대법원 2007. 6. 28. 선고 2006다38161,38178 판결 등).
18) 김대정, "아파트분양계약의 사법상의 법률관계", 한독법학 제13호, 한독법률학회, 536면에서도 "아파트분양계약의 대부분은 매매계약의 성질을 가지는「설계변경을 허용하지 않는 완공 전 분양」"이라고 기술하고 있다.
19) 일종의 정지조건부 매매계약이다(민법주해XIV 121면, 122면 참조).
20) 대법원은 "원심이 원고가 임차인들에게 이 사건 건물의 각 점포를 소유권이전 조건부로 임대하게 된 사정, 장차 소유권이전시에 임차인들로

부터 지급받을 분양 가격, 원고가 사전 분양시에 발급한 임대분양계약 예수금영수증의 기재 내용, 1차 계약서 양식의 제17조나 이를 옮겨 놓은 2차 계약서 양식의 제20조의 규정 내용, 1차 계약서 양식에 첨부된 관리규정의 표현 내용 등에다가 소유권이전을 조건으로 예수금을 납입한 임차인들이 사후에 그들에게 유리한 분양청구권을 포기할 만한 특별한 사정을 인정할 아무런 증거가 없는 점 등을 종합하여, 원고는 특별한 사정이 없는 한 임차인들과 사이에 이 사건 각 점포에 관한 임대차계약과 동시에 임차인들이 적어도 10년간의 임대차기간 종료 후 임차인들이 이미 확보한 임차목적물에 관하여 매매예약완결권인 분양청구권을 행사할 수 있는 권리를 부여하였다고 판단한 것은 정당"(하다)고 판시하였다.

21) 대법원은 위 판결에서 "공사도급계약의 도급인이 될 자가 수급인을 선정하기 위해 입찰절차를 거쳐 낙찰자를 결정한 경우 입찰을 실시한 자와 낙찰자 사이에는 도급계약의 본계약체결의무를 내용으로 하는 예약의 계약관계가 성립하고, 어느 일방이 정당한 이유 없이 본계약의 체결을 거절하는 경우 상대방은 예약채무불이행을 이유로 한 손해배상을 청구할 수 있다."고 판시했다.

22) "국가계약법에 따른 낙찰자 결정의 법적 성질은 입찰과 낙찰행위가 있은 후에 더 나아가 본계약을 따로 체결한다는 취지로서 계약의 편무예약에 해당한다고 할 것이다(대법원 1977. 2. 22. 선고 74다402 판결, 2004. 5. 27. 선고 2002다46829, 46836 판결 등 참조). 이와 같이 낙찰자의 결정으로는 예약이 성립한 단계에 머물고 아직 본계약이 성립한 것은 아니라고 하더라도, 그 계약의 목적물, 계약금액, 이행기 등 계약의 주요한 내용과 조건은 지방자치단체의 입찰공고와 최고가(또는 최저가) 입찰자의 입찰에 의하여 당사자의 의사가 합치됨으로써 지방자치단체가 낙찰자를 결정할 때에 이미 확정되었다고 할 것이므로, 지방자치단체가 계약의 세부사항을 조정하는 정도를 넘어서서 계약의 주요한 내용 내지 조건을 입찰공고와 달리 변경하거나 새로운 조건을 추가하는 것은 이미 성립된 예약에 대한 승낙의무에 반하는 것으로서 특별한 사

정이 없는 한 허용될 수 없다고 할 것이다."

23) 대전고등법원은 "정부투자기관이 발주하는 공사의 입찰에서 최저가 입찰행위로 성립되는 예약의 성질은, 그것이 전제하고 있는 본계약이 국가를 당사자로 하는 계약에 관한 법률 제11조, 같은법 시행령 제48조와 같은법 시행규칙 제49조에 정한 엄격한 방식을 따라야 하는 요식계약인 점에 비추어 볼 때, 일방예약이 아니라 편무예약으로 보아야 하므로, 최저가 입찰자는 형성권인 예약완결권을 가지는 것이 아니고 본 계약체결청구권을 가지게 된다."고 판시한 바 있다.

24) 서울고등법원은 "아파트건설회사의 입주자모집공고에 당첨자 발표가 있은 후 분양당첨자는 소정기간 내에 회사와 주택공급계약을 따로 체결하여야 하며 위 기간 내에 계약을 체결하지 아니하면 모든 권리를 상실하도록 되어 있는 경우, 위 입주자모집공고는 청약의 유인이고, 분양신청은 매매계약의 청약이며, 회사의 당첨자발표는 매매예약의 승낙이므로, 분양신청자의 분양신청과 회사의 당첨자발표에 의하여 일단 매매예약이 성립되며, 이 예약을 기초로 하여 비로소 주택공급계약이라는 본계약이 체결되는 것이고 분양당첨자가 위 본계약 체결기간 내에 본계약을 체결하지 아니하면 위 매매예약은 그 효력이 상실된다."고 판시했다.

25) 위 규정에서 산정가격이란 임대주택의 건축비 및 택지비를 기준으로 분양전환 당시에 산정한 당해 주택의 가격(산정가격 = 분양전환당시의 건축비 + 입주자모집공고당시의 택지비 + 택지비이자)이다.

26) 제38조 (주택의 공급) ①사업주체(건축법 제8조의 규정에 의한 건축허가를 받아 주택외의 시설과 주택을 동일건축물로 제16조제1항의 규정에 의한 호수 이상으로 건설·공급하는 건축주를 포함한다. 이하 이 장에서 같다)는 다음 각호에서 정하는 바에 따라 주택을 건설·공급하여야 한다.
1. 사업주체(국가·지방자치단체·대한주택공사 및 지방공사를 제외한다)가 입주자를 모집하고자 하는 경우에는 건설교통부령이 정하는 바에 의하여 시장·군수·구청장의 승인(복리시설의 경우에는 신고를

말한다)을 얻을 것

2. 사업주체가 건설하는 주택을 공급하고자 하는 경우에는 건설교통부령이 정하는 입주자모집조건 · 방법 · 절차, 입주금(입주예정자가 사업주체에게 납입하는 주택가격을 말한다. 이하 같다)의 납부방법 · 시기 · 절차, 주택공급계약의 방법 · 절차 등에 적합할 것

② 주택을 공급받고자 하는 자는 건설교통부령이 정하는 입주자자격 · 재당첨제한 및 공급순위 등에 적합하게 주택을 공급받아야 한다.

27) 민법주해XIV권 119페이지에는 아래와 같이 기술하고 있다. "거래의 실제에 있어서 당사자간의 합의가 단순한 예약 정도에 그친 것인지, 본계약이 체결되었는지 불분명한 경우가 많다. 이는 의사해석의 문제로서 반드시 당사자가 사용한 용어에 구애될 필요는 없다(어떤 학자들은 예약인지 본계약인지 의심스러운 때에는 예약이 예외로 취급되어져야 한다고 한다). 장래 간행 예정인 출판물, 매립중인 토지, 조성중인 택지 또는 건축중인 주책 등과 같이 아직 형성되지 않은 물건에 관하여 조건부 또는 기한부로 매매를 체결하면서 종종 매매예약으로 칭하는 경우가 있으나 이는 예약이 아니라 매매에 해당한다고 할 것이다. 매매대금의 액수를 일정기간이 지난 후일의 시가에 의하여 정하기로 하였다 하여 그와 같은 사유만으로 매매예약이라고 속단할 수 없다(대법원 78. 6. 27. 선고 78다551등 판결). 예약상의 권리자에게 여전히 본계약 체결 여부에 대한 선택권이 남아 있는 경우에는 예약에 지나지 않으나 당사자 쌍방이 본계약에 대한 확정적 구속에 합의하면서 다만 그 채무이행에 조건, 기한이 붙은 데 불과한 경우에는 본계약이 성립한 것으로 봄이 옳다."

28) 대법원은 위 판결에서 "원심판결 이유와 적법하게 채택된 증거에 따르면, 이 사건 소유권이전등기 당시 원고와 피고는 다음과 같이 합의하였다고 볼 수 있다. 원고는 피고에게 이 사건 임야 중 피고 소유인 △△리(지번 2 생략) 대지에 접하는 부분을 매도한다. 구체적인 매매목적물은 경계 부분에 석축공사를 마침으로써 특정하고, 구체적인 대금은 피고가 원고의 증축을 위해 건축주 명의를 대여하는 등 편의를 제공한 것

을 감안하여 시세보다 저렴하게 하되 향후 구체적인 매매목적물이 특정된 시점에 합의하여 정한다. 소유권이전등기는 증축신고의 대지 위치와 맞추기 위해 실제로 증축을 할 원고 소유인 △△리 (지번 1 생략) 대지에 접하는 부분까지 포함하여 마치기로 한다.

원고와 피고 사이에 위 합의 당시 매매목적물을 구체적으로 특정하지 않았더라도 이를 나중에 구체적으로 특정할 수 있는 방법과 기준을 정하였다. 원고는 이 사건 임야에 관하여 평탄작업을 하고 그 중간에 석축을 쌓아 이를 경계로 ㄱ부분과 ㄴ부분을 구분하는 토목공사를 함으로써 매매목적물인 ㄱ부분을 특정하였고, ㄴ부분에 대해서만 단독주택 증축을 위한 건축공사를 진행하는 등 계약을 이행하였으므로 계약에 구속되려는 의사가 있었다. 원고와 피고 사이에 위 합의 당시 대금에 관하여 장래에 확정하기로 유보하였는데, 이후 대금에 관한 합의가 이루어지지 않았더라도 계약 체결 경위, 당사자의 인식, 조리, 경험칙 등에 비추어 당사자의 의사를 탐구하여 대금을 정해야 한다."고 판시했다.

29) 대법원은 「원심은 위 1971.6.10자 약정이 이 사건 1,000평의 토지를 타시장에 준하여 매도한다는 약정이 성립된 사실을 인정하면서도 한편으로는 위 약정은 동 토지대금을 평당 금 10,000원씩으로 확정하여 매매계약이 체결되었다고 보기는 어렵다고 판시하고 있는바, 위 "타시장에 준한다"는 의미가 원심이 설시한대로 타시장에 준한 토지대금을 뜻하는 것이라면 이는 계약체결 후에 이를 구체적으로 특정 못할 바 아니므로 이는 그 매매대금을 사후에라도 특정 못할 사유가 되지 못함에도 그 대금이 계약체결당시에 평당금 10,000원씩으로 확정할 수 없다 하여 매매계약의 성립을 부정한 원심의 조치는 매매계약의 성립에 있어서 매매목적물과 대금에 관한 법리를 오해한 허물이 있다 할 것이니 이점을 탓하는 논지는 이유 있다 하겠다.」고 판시했다.

30) 주택공급계약서에 '매각한다'는 용어는 개정 전 구 임대주택법의 용어를 그대로 답습했기 때문인 것으로 보인다. '분양전환한다'는 뜻이다.

31) 제4조 (공공건설임대주택 등의 분양전환〈개정 2003. 6. 27.〉) ①법 제

15조제1항 및 제2항의 규정에 의하여 임대사업자가 공공건설임대주택을 우선적으로 분양전환하고자 할 때에는 미리 별지 제6호서식의 임대주택분양전환계획서에 다음 각 호의 서류를 첨부하여 시장·군수 또는 구청장에게 제출하여야 한다. 다만, 임대사업자가 국가·지방자치단체·대한주택공사 또는 「지방공기업법」 제49조의 규정에 의하여 주택사업을 목적으로 설립된 지방공사(이하 "지방공사"라 한다)인 경우에는 그러하지 아니하다.
   1. 분양받기를 희망하지 아니하는 임차인 명단
   2. 분양포기확인서 등 분양받기를 희망하지 아니하는 사실을 증명하는 서류
32) "매매의 일방예약은 상대방이 매매를 완결할 의사를 표시하는 때에 매매의 효력이 생긴다."
33) 헌법재판소는 "헌법 제119조 제1항은 사유재산제도와 사적자치의 원칙 및 과실책임의 원칙을 기초로 하는 자유시장경제질서를 기본으로 하고 있음을 선언하고, 헌법 제23조 제1항은 국민의 재산권을, 헌법 제10조는 국민의 행복추구권과 여기서 파생된 일반적 행동자유권 및 사적자치권을 보장하는 한편, 헌법 제37조 제2항은 기본권을 제한하는 입법을 함에 있어서 지켜야 할 한계를 규정하고 있다."고 결정했다(헌법재판소 1998. 8. 27. 선고 96헌가22,97헌가2·3·9,96헌바81,98헌바24·25 결정).
34) 법의 일반원칙 외에 헌법으로부터 도출되는 원칙 등으로서 평등원칙, 비례의 원칙, 신뢰보호의 원칙, 적법절차의 원칙, 부당결부금지 원칙, 공역무계속성의 원칙 등이 적용되는 것으로 이해되고 있다.
35) "예산회계법에 따라 체결되는 계약은 사법상의 계약이라고 할 것이고 동법 제70조의5의 입찰보증금은 낙찰자의 계약체결의무이행의 확보를 목적으로 하여 그 불이행시에 이를 국고에 귀속시켜 국가의 손해를 전보하는 사법상의 손해배상 예정으로서의 성질을 갖는 것이라고 할 것이므로 입찰보증금의 국고귀속조치는 국가가 사법상의 재산권의 주체로서 행위하는 것이지 공권력을 행사하는 것이거나 공권력작용과 일체성

을 가진 것이 아니라 할 것이므로 이에 관한 분쟁은 행정소송이 아닌 민사소송의 대상이 될 수밖에 없다고 할 것이다."

36) 다만 구 임대주택법이 폐지되면서 한국토지주택공사 등이 공급하는 임대주택의 분양전환에 대해서는 공공주택특별법이 한국토지주택공사 등에게 각종 우월적 지위를 부여하고 있다. 그러므로 만약 한국토지주택공사가 판교 10년 공공임대주택의 분양전환에 대하여 현행 공공주택특별법이 적용되는 것으로 잘못 해석하여 위 공공주택특별법에 따라 일방적으로 분양전환을 강행한다면 부득이 그 분양전환의 법률관계는 적어도 외형상으로는 공법관계의 성격을 가진다고 보인다.

37) 물론 시장 등의 입주자모집공고 승인처분 또는 분양전환승인처분을 둘러싼 법률관계는 공법관계임이 명백하다. 물론 이 공법관계와 분양전환의 사법관계가 상호 어떠한 관계를 가지고 있는지는 단적으로 결정할 수 없다. 분양전환승인처분과 분양전환의 관계에 대해서는 대법원이 2020년에 의미 있는 판결을 내 놓았다. 그러나 입주자모집공고 승인처분과 분양전환의 관계에 대해서는 선례를 찾기 어렵다. 나중에 검토한다.

38) 즉 위 대법원 판결례는 영구임대주택 등과 같이 처음부터 분양을 목적으로 공급되지 않는 임대주택에만 적용되는 것이 타당하다. 이러한 주택은 매매계약 뿐만 아니라 매매 예약조차 존재하지 않기 때문이다.

39) 가. 분양전환가격은 건설원가와 감정평가금액의 산술평균가액으로 한다.
나. 분양전환가격은 임대주택의 건축비 및 택지비를 기준으로 분양전환 당시에 산정한 당해 주택의 가격(이하 "산정가격"이라 한다)에서 임대기간중의 감가상각비를 공제한 금액을 초과할 수 없다.

40) 대한민국헌법 제34조 ① 모든 국민은 인간다운 생활을 할 권리를 가진다.
② 국가는 사회보장·사회복지의 증진에 노력할 의무를 진다.
③ 국가는 여자의 복지와 권익의 향상을 위하여 노력하여야 한다.
④ 국가는 노인과 청소년의 복지향상을 위한 정책을 실시할 의무를 진

다.

⑤ 신체장애자 및 질병·노령 기타의 사유로 생활능력이 없는 국민은 법률이 정하는 바에 의하여 국가의 보호를 받는다.

⑥ 국가는 재해를 예방하고 그 위험으로부터 국민을 보호하기 위하여 노력하여야 한다.

제35조 ① 모든 국민은 건강하고 쾌적한 환경에서 생활할 권리를 가지며, 국가와 국민은 환경보전을 위하여 노력하여야 한다.

② 환경권의 내용과 행사에 관하여는 법률로 정한다.

③ 국가는 주택개발정책등을 통하여 모든 국민이 쾌적한 주거생활을 할 수 있도록 노력하여야 한다.

41) 주거 기본권의 문제를 헌법 제35조 환경권조항에서 설명하면서 '쾌적한 주거생활권'(권영성), '주거의 권리'(계희열), '쾌적한 주거생활에 관한 권리'(김철수), '생활환경조성청구권'(허영)으로 설명하거나 주택의 문제를 인간다운 생활을 할 권리로 보면서 '적당한 주거에서 생활할 권리'(홍성방)로 파악하고 있다. 한편 일본에서는 1975년 후꾸오카에서 혼자 사는 노인이 독신자 주택신청을 받아주지 않은 공영주택행정은 헌법상 위헌이라는 소송을 제기하여 승소한 이후에 주거에 관한 권리를 인권으로서 확립할 필요성이 있다는 취지의 논의가 더욱 활발히 진행되었다[여경수, "주택권의 의의와 내용", 개신법학 4권(2005. 02.), 충북대학교, 21면 이하에서 재인용]. 그에 반해 한국에서의 논의는 그다지 활발하지 못한 상태이다.

42) 구 주택법 제1조 (목적) 이 법은 쾌적한 주거생활에 필요한 주택의 건설·공급·관리와 이를 위한 자금의 조달·운용 등에 관한 사항을 정함으로써 국민의 주거안정과 주거수준의 향상에 이바지함을 목적으로 한다.

43) 구 임대주택법 제1조 (목적) 이 법은 임대주택의 건설·공급 및 관리와 주택임대사업에 필요한 사항을 정함으로써 임대주택의 건설을 촉진하고 국민주거생활의 안정을 도모함을 목적으로 한다.

44) 대법원은 "도급계약에 따라 완성된 목적물에 하자가 있는 경우, 수급인

의 하자담보책임과 채무불이행책임은 별개의 권원에 의하여 경합적으로 인정된다"거나(대법원 2020. 6. 11. 선고 2020다201156 판결), "부당이득반환청구권과 불법행위로 인한 손해배상청구권은 서로 실체법상 별개의 청구권으로 존재하고 그 각 청구권에 기초하여 이행을 구하는 소는 소송법적으로도 소송물을 달리하므로, 채권자로서는 어느 하나의 청구권에 관한 소를 제기하여 승소 확정판결을 받았다고 하더라도 아직 채권의 만족을 얻지 못한 경우에는 다른 나머지 청구권에 관한 이행판결을 얻기 위하여 그에 관한 이행의 소를 제기할 수 있다. 그리고 채권자가 먼저 부당이득반환청구의 소를 제기하였을 경우 특별한 사정이 없는 한 손해 전부에 대하여 승소판결을 얻을 수 있었을 것임에도 우연히 손해배상청구의 소를 먼저 제기하는 바람에 과실상계 또는 공평의 원칙에 기한 책임제한 등의 법리에 따라 그 승소액이 제한되었다고 하여 그로써 제한된 금액에 대한 부당이득반환청구권의 행사가 허용되지 않는 것도 아니다."라고 판결한 바 있다(대법원 2013. 9. 13. 선고 2013다45457 판결).

45) 임대주택법(2015. 8. 28. 법률 제13499호로 전부개정되기 전의 것) 제21조(건설임대주택의 우선 분양전환) ① 임대사업자가 임대의무기간이 지난 후「주택법」제16조에 따라 사업계획승인을 받아 건설한 공공건설임대주택을 분양전환하는 경우에는 다음 각 호의 어느 하나에 해당하는 임차인에게 우선 분양전환하여야 한다.
1. 입주일 이후부터 분양전환 당시까지 해당 임대주택에 거주한 무주택자인 임차인
2. 건설임대주택에 입주한 후 상속·판결 또는 혼인으로 인하여 다른 주택을 소유하게 된 경우 분양전환 당시까지 거주한 자로서 그 주택을 처분하여 무주택자가 된 임차인
3. 제19조 단서에 따라 임차권을 양도받은 경우에는 양도일 이후부터 분양전환 당시까지 거주한 무주택자인 임차인
4. 선착순의 방법으로 입주자로 선정된 경우에는 분양전환 당시까지 거주한 무주택자인 임차인

5. 분양전환 당시 해당 임대주택의 임차인인 국가기관 또는 법인
(중략)

⑦ 임대사업자가 제4항에 따른 분양전환승인을 받은 이후에도 임차인이 6개월 이상 분양전환에 응하지 아니하는 경우에는 임대사업자는 해당 임대주택을 분양전환가격으로 국토교통부령으로 정하는 바에 따라 제3자에게 매각할 수 있다.

⑧ 임차인이 제4항에 따른 분양전환승인을 받은 이후에도 임대사업자가 4개월 이상 분양전환에 응하지 아니하는 경우에는 임차인은 승인을 받은 분양전환가격에 따라 매도할 것을 청구할 수 있다.

46) 민간임대주택에 관한 특별법(시행 2015. 12. 29.)(법률 제13499호 2015. 8. 28. 전부개정)

부칙 제3조(이미 등록한 임대주택에 관한 특례) ② 종전의 「임대주택법」에 따라 등록한 임대주택은 종전의 「임대주택법」을 적용한다.

제6조(공공건설임대주택에 관한 경과조치) ① 이 법 시행 당시 「공공주택 특별법」에 따른 공공주택사업자에 해당하는 자가 건설하였거나 건설하고 있는 주택은 「공공주택 특별법」의 규정을 적용한다.

② 이 법 시행 당시 「공공주택 특별법」에 따른 공공주택사업자가 아닌 자가 건설하였거나 건설하는 주택으로서 다음 각 호의 어느 하나에 해당하는 주택에 대하여는 종전의 「임대주택법」 제2조제2호의2에 따른 공공건설임대주택으로 보아 종전의 규정을 적용한다.

1. 이 법 시행 당시 국가·지방자치단체의 재정 또는 주택도시기금의 자금을 지원받아 공공건설임대주택으로 건설하였거나 건설하고 있는 주택

2. 이 법 시행 당시 공공사업으로 조성된 택지에 「주택법」 제16조에 따라 공공건설임대주택으로 사업계획승인을 받아 건설하였거나 건설하고 있는 주택

3. 이 법 시행 당시 공공사업으로 조성된 택지를 공공건설임대주택 용도로 공급받아 이 법 시행 후 건설하는 주택

47) 제16조(임대주택의 매각 제한 등) ① 임대주택은 다음 각 호의 기간(이

하 "임대의무기간"이라 한다)이 지나지 아니하면 매각할 수 없다.

1. 건설임대주택 중 국가나 지방자치단체의 재정으로 건설하는 임대주택 또는 주택도시기금의 자금을 지원받아 영구적인 임대를 목적으로 건설한 임대주택은 그 임대주택의 임대개시일부터 50년

2. 건설임대주택 중 국가나 지방자치단체의 재정과 주택도시기금의 자금을 지원받아 건설되는 임대주택은 임대개시일부터 30년

2의2. 장기전세주택은 그 임대주택의 임대개시일부터 20년

3. 제1호와 제2호 외의 건설임대주택 중 제26조에 따라 임대 조건을 신고할 때 임대차 계약기간을 10년 이상으로 정하여 신고한 주택은 그 임대주택의 임대개시일부터 10년

4. 제1호부터 제3호까지의 규정에 해당하지 아니하는 건설임대주택 및 매입임대주택은 대통령령으로 정하는 기간

48) 대법원은 해당 규정을 위반한 법률행위의 효력이 무효가 되는 규정을 강행규정 또는 효력규정이라고 하고, 그렇지 않은 규정을 단속규정이라 한다. 법률에 위반행위의 사법적 효력에 관하여 명시적인 규정을 둔 경우에는 이에 따라 그 유무가 결정되지만 그렇지 않은 경우에 해당 규정이 강행규정인지 아닌지 구분하는 것은 매우 어려운 문제가 된다. 유력한 견해(양경승, "법률행위의 요건과 농지매매증명 및 농지취득자격증명의 성질", 사법논집 제48집, 법원도서관, 2009년, 472면 이하 참조)에 따르면 「대체로 입법 취지 및 목적, 당해 법규가 규제하는 것이 수단적으로 특정한 행위를 금지·제한하는 것인지 아니면 특정한 결과 발생을 회피하려는 것인지를 우선적으로 고려하고, 다음으로 보호법익과 거래의 안전, 당사자의 신뢰·공평 등을 고려하되, 민법 제103조의 선량한 풍속이나 사회 공공질서 등 공익적 요소가 강한 것은 효력규정으로 보고, 사익이나 일정한 행정목적 달성, 행정질서 유지 등을 위한 것은 단속규정으로 볼 수 있을 것이다. 또 이 같은 단계적 고려에 있어서 비례의 원칙과 균형성, 적합성, 필요성의 원칙이 적용되어야 할 것이다.」라고 보고 있다.

49) "구 임대주택법 등 관련 법령은 임대주택의 건설을 촉진하고 국민주거

생활의 안정을 도모함을 입법 목적으로 하고 있고, 그 목적 달성을 위해 임대사업자에게 각종 지원과 더불어 각종 제한을 부과하면서, 특히 임대의무기간 경과 후 무주택 임차인에게 임대주택의 우선분양전환권을 인정하고 분양전환가격의 산정기준을 상세히 규정함으로써 임대사업자가 자의적으로 분양전환가격을 정하는 것을 방지하고 합리적인 분양전환가격에 임대주택의 분양이 이루어지도록 하고 있다. 그런데도 임대사업자가 위와 같은 분양전환가격 산정기준에 기속되지 않는다고 해석하게 되면, 임대사업자가 임대의무기간이 경과한 후 임의로 분양전환가격 산정기준을 초과하여 분양전환가격을 정한 다음 임차인에게 그에 따라 분양계약을 체결할 것을 통고하고 이에 응한 임차인으로부터 분양전환가격 산정기준을 초과한 분양대금을 수령하여 이를 보유하는 것이 허용되게 되어 구 임대주택법 등 관련 법령의 입법 취지를 심하게 훼손할 뿐만 아니라, 만일 임차인이 구 임대주택법 등 관련 법령이 정한 분양전환가격 산정기준에 따를 것을 요구하면서 분양계약 체결을 거절할 경우 임대사업자가 이를 이유로 임차인의 우선분양전환권을 박탈하고 임대주택을 제3자에게 매각하여 그 시세 차익을 독점할 수 있게 되는 등 임대주택제도가 임대사업자의 경제적 이익을 위한 수단으로 변질될 우려도 있다.

이는 구 임대주택법의 입법 목적을 본질적으로 침해하는 것이므로, 이를 방지하고 구 임대주택법의 입법 목적을 달성하기 위해서는 구 임대주택법 등 관련 법령에 정한 분양전환가격 산정기준을 위반하여 임대주택을 분양전환한 임대사업자에게 형사적 처벌을 가하는 것만으로는 부족하고 그 산정기준을 위반하여 정한 분양전환가격에 의한 경제적 이익이 임대사업자에게 귀속되는 것을 금지시킬 필요가 있다. 따라서 분양전환가격 산정기준에 관한 구 임대주택법 등 관련 법령의 규정들은 강행법규에 해당한다고 보아야 하고, 그 규정들에서 정한 산정기준에 의한 금액을 초과한 분양전환가격으로 체결된 분양계약은 그 초과하는 범위 내에서 무효라고 할 것이다."

50) 대법원은 임대기간이 5년 공공건설임대주택에 관하여 '임대차계약서'

체결 당시 분양전환 합의('매각약정')가 존재함을 근거로 위 합의에 따른 본계약 체결의무를 인정한 바 있다. 즉 대법원은 「이 사건 입주자모집공고와 한국토지신탁과 원고 사이에 체결된 1999. 9. 6.자 및 2001. 11. 30.자 임대차계약서 제12조에 "분양전환시기 또는 주택의 매각시기는 최초의 입주지정기간 종료 후 5년으로 한다."라고 규정되어 있어 이 사건 임대아파트에 대한 매각시기에 관한 약정을 하고 있음을 알 수 있으므로, 한국토지신탁의 임대사업자의 지위를 승계한 피고는 위 약정에 따라 최초의 입주지정기간 종료 후 5년이 되는 2004. 11. 30.에 원고에게 이 사건 임대아파트를 매각할 의무가 있다」고 판시하였다.

51) 주택법 제38조의2는 사업주체가 제16조 제1항의 규정에 의하여 공공택지 안에서 건설·공급하는 주거전용면적이 85제곱미터 이하인 공동주택에 대하여 일률적으로 적용됨을 명시하고 있고 원고들이 공급 받은 주택(일정기간 경과후 분양주택으로 전환되는 임대주택)에 대해 그 적용을 배제한다는 취지의 명시적·묵시적 규정이 없다.

주택법 제38조의2 (주택의 분양가격 제한 등) ①사업주체가 제16조제1항의 규정에 의하여 공공택지안에서 건설·공급하는 주거전용면적이 85제곱미터 이하인 공동주택(제29조의 규정에 의한 사용검사가 완료된 후 입주자를 모집하는 경우의 공동주택을 제외한다. 이하 이 조에서 같다)에 대하여는 건설교통부령이 정하는 기준에 따라 산정되는 분양가격 이하로 공급하여야 한다. 이 경우 분양가격은 다음 각호의 구분에 의한 항목으로 구성된다. (이하 생략)

52) 구 임대주택법 제13조는 임차권의 양도 등을 원칙적으로 제한하면서 다만 대통령령이 정하는 경우로서 임대사업자의 동의를 얻은 경우에는 허용된다고 규정하고 있다. 위 규정에 의하여 임차권이 양도된 경우에는 최초 주택공급계약에 근거한 수분양자로서의 법적 지위(분양전환청구권 포함) 또한 함께 양도된다고 보는 것이 주택공급계약서의 내용과 임대주택법령의 입법목적 및 취지뿐만 아니라 양도인과 양수인 사이의 의사에 부합하는 것으로 본다.

제13조 (임대주택의 전대제한) 임대주택의 임차인은 임차권을 다른 사

람에게 양도(賣買·贈與 기타 權利變動을 수반하는 일체의 행위를 포함하되, 相續의 경우를 제외한다)하거나 임대주택을 다른 사람에게 전대할 수 없다. 다만, 대통령령이 정하는 경우로서 임대사업자의 동의를 얻은 경우에는 그러하지 아니하다.

53) "국가계약법에 따른 낙찰자 결정의 법적 성질은 입찰과 낙찰행위가 있은 후에 더 나아가 본계약을 따로 체결한다는 취지로서 계약의 편무예약에 해당한다고 할 것이다(대법원 1977. 2. 22. 선고 74다402 판결, 2004. 5. 27. 선고 2002다46829, 46836 판결 등 참조). 이와 같이 낙찰자의 결정으로는 예약이 성립한 단계에 머물고 아직 본계약이 성립한 것은 아니라고 하더라도, 그 계약의 목적물, 계약금액, 이행기 등 계약의 주요한 내용과 조건은 지방자치단체의 입찰공고와 최고가(또는 최저가) 입찰자의 입찰에 의하여 당사자의 의사가 합치됨으로써 지방자치단체가 낙찰자를 결정할 때에 이미 확정되었다고 할 것이므로, 지방자치단체가 계약의 세부사항을 조정하는 정도를 넘어서 계약의 주요한 내용 내지 조건을 입찰공고와 달리 변경하거나 새로운 조건을 추가하는 것은 이미 성립된 예약에 대한 승낙의무에 반하는 것으로서 특별한 사정이 없는 한 허용될 수 없다고 할 것이다."

54) 제2조의3 (분양전환가격등의 공고〈개정 2003. 6. 27.〉) 법 제12조제1항제3호 및 영 제9조제1항제1호의 공공건설임대주택의 입주자모집공고를 할 때에는 다음 각 호의 사항을 포함시켜야 한다. 다만, 영 제9조제5항 각 호의 주택의 경우에는 제1호 및 제3호의 사항을 공고하지 아니할 수 있다.
1. 별표 1의 공공건설임대주택 분양전환가격의 산정기준에 의하여 산정한 입주자모집공고 당시의 주택가격(「주택법」 제16조제1항의 규정에 의하여 임대주택으로 사업계획변경승인을 얻은 주택인 경우에는 사업계획변경승인전 최초 입주자모집공고시점을 기준으로 산정한 가격으로 한다)
2. 임대의무기간 및 분양전환시기
3. 분양전환가격의 산정기준

(중략)

제3조의3 (분양전환가격의 산정기준 〈개정 2003. 6. 27.〉) ① 영 제9조제5항의 규정에 의한 공공건설임대주택 분양전환가격의 산정기준은 별표 1과 같다. (중략)

55) [별표 1] 공공건설임대주택 분양전환가격의 산정기준(제3조의3관련)
1. 분양전환가격의 산정
가. 임대의무기간이 10년인 경우 분양전환가격은 감정평가금액을 초과할 수 없다. (중략)
2. 항목별 산출방법
가. 건설원가
건설원가 = 최초 입주자모집당시의 주택가격 + 자기자금이자 - 감가상각비
(1) 최초 입주자모집당시의 주택가격
건축비 및 택지비를 기준으로 입주자모집승인권자가 산정한다.

56) 구 주택법 제6조 (다른 법률과의 관계) ①임대주택의 건설·공급 및 관리에 관하여 「임대주택법」으로 정하지 아니한 사항에 대하여는 이 법을 적용한다.
구 임대주택법 제3조 (다른 법률과의 관계) 임대주택의 건설·공급 및 관리에 관하여 이 법에서 정하지 아니한 사항에 대하여는 주택법 및 주택임대차보호법을 적용한다.

57) 시가보다 명백히 낮은 수준에서 결정된 감정평가는 감정평가 및 감정평가사에 관한 법률 제3조 제1항, 감정평가에 관한 규칙 제5조(시장가치기준 원칙)(제1항은 '대상물건에 대한 감정평가액은 시장가치를 기준으로 결정한다'고 규정하고 있음)에 위반하여 위법하다

58) 임차인에 대한 우선분양전환제도는 시가보다 저렴한 가격에 자가주택을 소유할 기회를 제공하는 것을 포함하는 점, 분양전환가격은 분양전환되는 임대주택에 있어서 가장 본질적이고도 중요한 입법사항(의회유보사항)인 점에 비추어 볼 때, 국회가 임대주택법 제21조 제10항, 제4항을 통해 '분양전환가격에 필요한 사항을 대통령령으로 정하라'고 명령

한 것은 ① 대통령령에 반드시 분양전환가격의 기준을 대강이라도 정해야 하고, ② 그 분양전환가격은 시세보다 반드시 저렴해야 한다는 조건을 내재하고 있다고 해석된다. 이와 같은 전제 하에서만 위 임대주택법 조항은 포괄위임금지원칙에 위배되지 않는 것이다. 그러나 10년 공공임대주택에 적용되는 임대주택법 시행령은 분양전환가격에 아무런 기준을 두지 않았고 이를 포괄적으로 시행규칙에 위임하였으므로 매우 강한 위헌의 의심이 제기된다.

59) 대법원은 위 판결에서 "임차인은 이 사건 임대차계약에 따라 10년이라는 장기간에 걸쳐 주변시세에 비해 저렴한 임대보증금과 임대료를 지불하면서 주택에서 거주한 다음 통상적으로 시가보다는 낮은 수준에서 결정되는 감정평가액에 따른 대금을 지급하고 당해 주택을 취득할 수 있고"라고 판시하였다. 그러나 위 판시 부분은 명백한 오류이다. 시가보다 명백히 낮은 수준에서 결정된 감정평가는 감정평가 및 감정평가사에 관한 법률 제3조 제1항, 감정평가에 관한 규칙 제5조(시장가치기준 원칙)(제1항은 '대상물건에 대한 감정평가액은 시장가치를 기준으로 결정한다'고 규정하고 있음)에 위반하여 위법하다고 보아야 한다. 감정평가사들은 실제로 주택가격이 급격하게 상승하는 시기에는 인근 유사토지의 거래가격을 기준으로 하는 감정평가의 본질상 시세보다 약간 낮게 평가될 수도 있으나, 주택가격이 급격히 하락하는 시기에는 거꾸로 시세보다 높게 평가될 수도 있다고 한다.

60) 김동훈, "편무·쌍무예약의 법적 쟁점", 인권과 정의 제435호(2013. 8), 대한변호사협회 참조

61) 자기자금이자 = (최초 입주자모집당시의 주택가격－국민주택기금융자금 － 임대보증금과 임대료의 상호전환전 임대보증금) × 이자율 × 임대기간

62) 다만 판교 임차인들은 지난 10년간의 임대차기간 중에 위 감가상각비 및 자금자금이자가 포함된 임대료를 모두 납부하여 왔으므로, 엄밀하게 계산하면 전용면적 85제곱미터 이하 임대주택의 분양전환가격은 ① 최초 입주자모집 당시의 주택가격에 감가상각비를 공제한 금액과 ② 감

정평가금액 중 보다 낮은 금액으로 결정된다.
63) 제38조 (주택의 공급) ①사업주체(「건축법」 제8조의 규정에 의한 건축허가를 받아 주택외의 시설과 주택을 동일건축물로 제16조제1항의 규정에 의한 호수 이상으로 건설·공급하는 건축주를 포함한다. 이하 이 장에서 같다)는 다음 각호에서 정하는 바에 따라 주택을 건설·공급하여야 한다.
1. 사업주체(국가·지방자치단체·대한주택공사 및 지방공사를 제외한다)가 입주자를 모집하고자 하는 경우에는 건설교통부령이 정하는 바에 의하여 시장·군수·구청장의 승인(복리시설의 경우에는 신고를 말한다)을 얻을 것
64) 제97조 (벌칙) 다음 각 호의 어느 하나에 해당하는 자는 2년 이하의 징역 또는 2천만원 이하의 벌금에 처한다. 다만, 제2호 또는 제6호에 해당하는 자로서 그 위반행위로 얻은 이익의 100분의 50에 해당하는 금액이 2천만원을 초과하는 자는 2년 이하의 징역 또는 그 이익의 2배에 해당하는 금액 이하의 벌금에 처한다.
8. 제38조제1항의 규정을 위반하여 주택을 건설·공급한 자
65) 제3조(특정재산범죄의 가중처벌) ①「형법」제347조(사기), 제347조의2(컴퓨터등 사용사기), 제350조(공갈), 제350조의2(특수공갈), 제351조(제347조, 제347조의2, 제350조 및 제350조의2의 상습범만 해당한다), 제355조(횡령·배임) 또는 제356조(업무상의 횡령과 배임)의 죄를 범한 사람은 그 범죄행위로 인하여 취득하거나 제3자로 하여금 취득하게 한 재물 또는 재산상 이익의 가액(이하 이 조에서 "이득액"이라 한다)이 5억원 이상일 때에는 다음 각 호의 구분에 따라 가중처벌한다.
1. 이득액이 50억원 이상일 때: 무기 또는 5년 이상의 징역
2. 이득액이 5억원 이상 50억원 미만일 때: 3년 이상의 유기징역
② 제1항의 경우 이득액 이하에 상당하는 벌금을 병과(倂科)할 수 있다.
66) "주택건설사업주체의 입주자모집공고는 주택공급계약의 청약 그 자체라고는 할 수 없다 할 것이지만, 위 분양공고는 대량의 주택공급거래에

서 불특정 다수의 수요자에게 주택공급계약의 내용을 일률적으로 미리 알리고 그 내용에 따른 주택공급청약을 하게 한 후 추첨을 거쳐 당첨자와 사이에 정형화된 주택공급계약을 체결하기 위한 절차로서, 사업주체로서는 당첨자와의 분양계약 체결시에 특단의 사정이 없는 한 입주자모집공고와 같은 내용의 계약을 체결하게 되고, 한편 위 주택공급에관한규칙은 사업주체가 작성하는 주택공급계약서에는 분양가격과 납부시기·공급되는 주택면적(전용면적 및 공용면적)과 대지면적 등을 반드시 포함시키도록 규정하고 있으며, 이 사건 아파트 분양계약서상 공유대지의 증가나 감소가 있을 경우 그에 대한 대금청구를 할 수 없다는 조항을 두고 있는데 이는 계약상의 일정한 공유대지면적을 전제하지 아니하고는 성립될 수 없는 조항이므로, 비록 공유대지 표기란이 공란이었다 하더라도 분양계약자들과 피고는 이 사건 아파트에 대한 분양계약을 체결함에 있어서 공유대지면적에 관하여는 위 분양공고의 내용을 계약내용의 일부로 흡수시키기로 하는 묵시적인 합의가 있었다고 보아야 할 것이니, 위 분양공고상의 공유대지면적이 원고들과 피고 사이의 약정 분양면적이 된다고 판단하였다.
기록과 관계 법령의 규정 내용에 비추어 보면, 위 각 분양계약자들과 피고 사이에 위 분양공고상의 평형별 공유대지면적을 계약상의 분양면적으로 하기로 하는 묵시적 합의가 있었다고 본 원심의 판단은 정당한 것으로 수긍이 가고, 원심판결에 소론과 같은 위법이 있다고 볼 수 없다."

67) 입주자모집공고에서는 "분양전환금액은 임대인과 임차인이 각기 산정한 감정평가업자의 감정평가금액의 산술평균가격으로 한다"라고 기재되어 있었으나, A건설사가 체결한 주택공급계약서에서는 "제14조 제2호 규정에 의한 분양전환가격의 산정방법은 임대주택법, 동시행령 및 규칙에 따른다."거나 "당 아파트는 임대기간 10년의 공공건설임대주택으로서 임대차기간 만료 후의 을에 대한 분양전환시의 분양전환가격은 최초 임차인 모집공고 당시(2006. 3) 임대주택법 시행령 및 시행규칙에 의거하여 산정된다."라고 규정하고 있어 서로 내용이 모순된다고 할 수

있다.
68) 감정평가업자를 누가 선정하는가 하는 것은 실질적으로 감정평가금액의 산정에 매우 지대한 영향을 주는 요인이 된다. 공익사업을 위한 토지 등의 취득 및 보상에 관한 법률에 따르면, 공익사업을 시행하는 사업시행자가 토지등을 수용하기 위한 손실보상절차에서 감정평가업자를 선정함에 있어, 해당 토지를 관할하는 시·도지사와 토지소유자 또한 감정평가업자를 각 1인씩 추천할 수 있다고 규정하고 있다. 이에 따라 수용대상 토지등소유자가 독자적으로 감정평가업자를 추천하고 있는데, 이들이 추천한 감정평가업자의 감정평가금액은 토지등소유자의 희망을 반영하여 다른 감정평가사들의 그것보다 훨씬 더 높은 수준으로 형성되고 있다. 심지어 공공기관인 한국감정원의 경우에도 평균 5~6% 이상 더 높게 나타나고 있다. 일부 논문[허강무, "공익사업 과다보상 통제에 관한 시론", 감정평가 통권 98호(2010년 7·8)(2010년), 한국감정평가협회, 26면 이하 참조]은 이를 이렇게 표현하고 있다. "토지소유자 추천제도는 손실보상의 당사자인 사업시행자와 토지소유자가 선정하거나 추천한 감정평가업자에 의해 공정한 보상평가를 받아 민원을 사전에 차단함으로써 공익사업을 원활하게 수행하고자 한 입법 취지와 달리, 토지소유자 추천 감정평가사의 평가액이 사업시행자 선정 감정평가사의 평가액보다 한결같이 높게 나타나고 있다.

2009년 10월 22일 열린 국회 국토해양위원회의 한국감정원 국정감사에서 신영수 의원(한나라당)은 다음의 표에서 보는 바와 같이 한국토지주택공사의 보상감정평가 용역자료를 분석한 결과를 근거로 감정평가업자간 평가금액이 일치하지 않고 주로 토지소유자가 추천한 측이 평균 5~6%가 높다고 지적한 바 있다. 한국감정원도 토지소유자로부터 추천받은 경우 다른 감정평가업자보다 높게 평가하고 있다고 지적하였다. 이는 일부 감정평가법인이 소위 주민대책위원회로부터 감정평가업자로 추천받기 위하여 과다 경쟁하는 과정에서 기인하였다. (중략)

1. 감정평가사 선정의 중립성 제고
공익사업의 감정평가업자 선정제도는 감정평가업자가 사업시행자와 토지소유자의 어느 측에도 구속되지 않고 중립적이고 객관적으로 평가업무에 임할 수 있는 방향으로 개편되어야 할 것이다. 그간 손실보상의 당사자인 사업시행자와 토지소유자가 직접 감정평가업자를 선정하는 방식은 감정평가 의뢰자의 이익측면에서 감정평가업무를 수행할 개연성이 높다는 측면에서 가격 담합, 부실감정 등 감정평가의 자율성과 공신력 등을 저해하는 요소로 지적되어 왔다."

69) 양경승, "법률행위의 요건과 농지매매증명 및 농지취득자격 증명의 성질", 사법논집 제48집, 법원도서관, 2009년, 472면 이하 참조. "규제법규가 법률적 행위에 대하여 허가나 승인, 인가를 받도록 규정한 경우 그 허가 등이 없는 행위를 유효로 처리하여야 할 특별한 사정이 없는 한 원칙적으로 이는 인가로 해석하여야 할 것이다. 또한, 실정법규에서 어떤 행위에 행정청의 허가를 요하고 있더라도 그 구체적인 내용에 따라 이를 다시 강학상의 허가 또는 인가로 세분하는 것이 가능함은 물론이다. 강학상의 인가는 법률행위의 유효요건(특별효력요건)이므로, 인가가 결여된 사법행위의 효력 여부를 판단함에 있어서는 이러한 법리가 효력규정, 단속규정의 법리에 우선한다. 따라서 규제규정 중 법률적 행위에 대하여 허가나 인가 등 행정청의 관여가 요구되는 경우에는 그것이 강학상의 허가인지 인가인지 먼저 구별하여, 인가이면 그에 위반한 행위는 효력이 없는 것으로 처리하여야 하는 것이다."라고 기술하고 있다.

70) 대법원은 위 결정에서 "공유수면매립면허의 양도에 있어서는 관할관청의 인가라는 행정처분이 있어야 그 효력이 있다"고 판시했다.

71) 대법원은 위 결정에서 "'도시 및 주거환경정비법 제20조 제3항은 "조합이 정관을 변경하고자 하는 경우에는 조합원 과반수의 동의를 얻어 시장·군수의 인가를 받아야 한다.'고 규정하고 있는바, 여기서 관할 시장 등의 인가는 그 대상이 되는 기본행위를 보충하여 법률상 효력을 완성시키는 행위로서, 이러한 인가를 받지 못한 경우 변경된 정관은 효력이 없다고 할 것이다."라고 판시했다.

72) "구 임대주택법이 임대주택의 건설을 촉진하고 국민주거생활의 안정을

도모하기 위하여 필요한 사항을 규정함을 목적으로 하고 있고, 그 목적 달성을 위해 임대사업자에게 각종 지원과 더불어 제한을 하고 있는데, 임대사업자가 자의적으로 임대보증금과 임대료를 정하는 것을 방지하고 합리적인 임대보증금과 임대료로 임대주택을 공급하도록 하는 것이 국민주거생활 안정을 도모하는 근간이 된다고 할 것이므로, 구 임대주택법 제14조의 위임에 따라 구 임대주택법 시행령 제12조 제1항에서 같은 항 소정의 임대주택의 최초의 임대보증금 및 임대료는 건설교통부장관이 정하여 고시하는 표준임대보증금 및 표준임대료를 초과할 수 없다고 규정하고 이에 따라 이 사건 고시에서 표준임대보증금 및 표준임대료를 정한 다음 임대보증금과 임대료는 임대차계약시 임차인의 동의가 있는 경우에는 상호전환이 가능하도록 한 규정은 임차인의 동의 없는 상호전환의 사법적 효력을 제한하는 효력규정으로 봄이 상당하다.

민법 제137조는 임의규정으로서 의사자치의 원칙이 지배하는 영역에서 적용된다고 할 것이므로, 법률행위의 일부가 강행법규인 효력규정에 위반되어 무효가 되는 경우 그 부분의 무효가 나머지 부분의 유효·무효에 영향을 미치는가의 여부를 판단함에 있어서는 개별 법령이 일부무효의 효력에 관한 규정을 두고 있는 경우에는 그에 따라야 하고, 그러한 규정이 없다면 원칙적으로 민법 제137조가 적용될 것이나 당해 효력규정 및 그 효력규정을 둔 법의 입법 취지를 고려하여 볼 때 나머지 부분을 무효로 한다면 당해 효력규정 및 그 법의 취지에 명백히 반하는 결과가 초래되는 경우에는 나머지 부분까지 무효가 된다고 할 수는 없다고 할 것이다(대법원 2004. 6. 11. 선고 2003다1601 판결, 대법원 2008. 9. 11. 선고 2008다32501 판결 등 참조).

원심판결 이유에 의하면 원심은, 다음과 같은 이유에서 임차인인 원고들의 동의 없이 정하여진 이 사건 각 임대차계약상의 임대보증금은 표준임대보증금을 초과하는 한도 내에서 무효라고 판단하였다. 즉, 임대보증금 액수는 가분적이고, 판시 각 증거 및 인정 사실에 의하면 원고들은 표준임대보증금을 기준으로 이 사건 각 임대차계약을 체결할 의사가 명백하여 보이며, 관련 법규에 의하여 임대사업자인 피고가 임차인을 선택할 수 없는 것이고, 당첨자인 원고들과 표준임대보증금 및 표준임대료에 의하여 임대차계약을 체결하는 것이 원칙이기 때문에 피고가 원고들의 동의가 없어 임대보증금과 임대료를 상호전환할 수 없었더라면, 원고들과 표준임대보증금 및 표준임대료에 의하여 임대차계약을 체결하였을 것임이 분명할 뿐만 아니라, 이 사건 각 임대차계약 중 임대보증금에서 표준임대보증금을 초과하는 부분이 무효라는 이유로 이 사건 각 임대차계약 전체까지도 무효가 된다고 본다면 이는 무주택자들 중 일정한 절차를 거쳐 당첨된 원고들로 하여금 표준임대보증금과 표준임대료를 기준으로 이 사건 각 임대차계약을 체결할 의사가 명백함에도 불구하고 이 사건 각 임대아파트에서 퇴출시키는 결과를 초래하게 되어, 결국 무주택 서민들에게 합리적인 가격에 임대주택을 공급하려는 관련 법규를 몰각시키고, 표준임대보증금에 관한 규정을 무용화할 것이며, 사회경제적 약자인 무주택 임차인들을 위한 관련 법규의 제정 목적을 달성할 수 없고, 그 입법 취지에 반하는 결과를 초래한다.

기록에 의하여 살펴보면 원심의 이러한 판단은 그 인정 사실과 위 법리에 따른 것으로 정당하고, 원심이 나아가 '원고들이 그 선택에 따라 표준임대보증금 및 표준임대료에 의하여 임대차계약을 체결할 권리가 있다는 것일 뿐, 표준임대보증금의 적용을 받으면서 동시에 표준임대료보다 낮은 이 사건 임대차계약상의 임대료의 적용도 받는다는 취지는 아니다'라고 판시한 것도 정당한 것으로 수긍할 수 있다.

따라서 "임대보증금과 임대료는 임대차계약시 임차인의 동의가 있는 경우에는 상호전환이 가능"하도록 한 위 규정은 효력규정이어서 임차인의 동의 없이 정하여진 이 사건 각 임대차계약상의 임대보증금은 표준임대보증금을 초과하는 한도 내에서 무효라고 할 것이므로, 같은 취지의 원심의 판단은 옳고, 거기에 상고이유로 주장하는 효력규정이나 일부무효에 관한 법리오해 등의 위법이 없다."

73) "약관의 해석은, 신의성실의 원칙에 따라 당해 약관의 목적과 취지를 고려하여 공정하고 합리적으로 해석하되, 개개 계약 당사자가 기도한

목적이나 의사를 참작함이 없이 평균적 고객의 이해가능성을 기준으로 보험단체 전체의 이해관계를 고려하여 객관적 · 획일적으로 해석하여야 하며, 위와 같은 해석을 거친 후에도 약관 조항이 객관적으로 다의적으로 해석되고 그 각각의 해석이 합리성이 있는 등 당해 약관의 뜻이 명백하지 아니한 경우에는 고객에게 유리하게 해석하여야 한다."

74) 대법원은 일부무효의 법리를 원용하여 "이 사건 담보제공약정이 구 상호신용금고법 제18조의2 제4호의 규정에 위반되어 무효라고 하더라도 나머지 부분인 이 사건 대출약정까지 무효가 된다고 할 수는 없다"고 판시했다.

75) 대법원은 일부무효의 법리를 적용하여 "의료법인이 허가받은 한도액을 초과하여 한 담보제공약정은 무효"라고 판시했다.

76) 건설교통부 훈령인 '택지개발업무처리지침'(공공주택팀 - 121 2005. 9. 13. [별표 3])

77) 택지개발촉진법[시행 2005. 8. 27.] [법률 제7517호, 2005. 5. 26., 일부개정]

제18조 (택지의 공급) ① 택지를 공급하고자 하는 자는 대통령령이 정하는 바에 따라 건설교통부장관의 승인을 얻어야 한다.

② 제1항의 규정에 의하여 공급하는 택지의 용도, 공급의 절차 · 방법 및 대상자 기타 공급조건에 관한 사항은 대통령령으로 정한다.

③ 시행자는 주택법에 의한 국민주택의 건설용지로 사용할 택지의 공급에 있어서 그 가격을 택지조성원가 이하로 할 수 있다.

택지개발촉진법 시행령[시행 2006. 2. 24.] [대통령령 제19355호, 2006. 2. 24., 일부개정]

제13조의2 (택지의 공급방법등)

⑦ 건설교통부장관은「주택법」제16조의 규정에 의한 국민주택의 공급을 촉진하는 등 국민의 주거생활의 안정을 위하여 필요하다고 인정되는 경우에는 법제18조제2항의 규정에 의하여 용도별 · 지역별 · 주택규모별로 택지의 공급방법 및 공급가격의 기준을 정하여 그 기준에 따라 택지의 가격을 정하게 할 수 있다.

78) 임대주택법 시행규칙 [별표 1] 공공건설임대주택 분양전환가격의 산정 기준(제3조의3관련)
2. 항목별 산출방법
가. 건설원가
건설원가 = 최초 입주자모집당시의 주택가격 + 자기자금이자 - 감가상각비
(1) 최초 입주자모집당시의 주택가격
건축비 및 택지비를 기준으로 입주자모집승인권자가 산정한다.
라. 건축비 및 택지비
(2) 택지비
(가) 국가・지방자치단체와 한국토지공사・대한주택공사 등 공공기관이「택지개발촉진법」등 법률에 의하여 개발・공급하는 택지(이하 "공공택지"라 한다)의 경우에는 그 공급가격

79) 물론 위 산정방식이 당시 임대주택법 시행규칙에 완전히 부합하지는 않는다. 분양가격은 원칙적으로 최초 입주자모집 당시의 주택가격에서 감가상각비를 공제한 금액이어야 하나 위 주택 임대사업자는 임대의무기간 10년 동안의 금리(임대사업자가 임의로 정한 것) 상당액을 오히려 추가하였기 때문이다.

80) 임대의무기간이 10년인 임대주택에는 임대의무기간이 5년인 공공임대주택과 달리 임대주택법 시행규칙 [별표 1]의 "산정가격"에 관한 규정이 적용되지 않으므로, 공정가액과 최초 입주자모집 당시의 주택가격만을 비교하면 된다.

81) 특별규정인 구 임대주택법 시행규칙 [별표 1]이 적용되지 않는다면 일반규정인 구 주택법 제38조의2에 따른 분양가 상한제 적용 주택가격을 말한다.

82) 제6조(일반원칙) ① 신의성실의 원칙을 위반하여 공정성을 잃은 약관 조항은 무효이다.
② 약관의 내용 중 다음 각 호의 어느 하나에 해당하는 내용을 정하고 있는 조항은 공정성을 잃은 것으로 추정된다.

1. 고객에게 부당하게 불리한 조항
2. 고객이 계약의 거래형태 등 관련된 모든 사정에 비추어 예상하기 어려운 조항
3. 계약의 목적을 달성할 수 없을 정도로 계약에 따르는 본질적 권리를 제한하는 조항

83) 이 사건 주택의 분양전환의 법률원인을 '법률 규정'이라고 보더라도, 적어도 일정기간 경과 후 분양전환이 보장되는 임대주택의 경우에는 그 분양전환계약의 본질적 권리는 '시장가격보다 저렴한 가격으로 분양전환을 받을 권리'(헌법재판소 2015. 11. 16. 2014헌바416 결정)라고 하지 않을 수 없다. 따라서 위 입주자모집공고 규정은 일정 기간 후 당연히 분양되는 것을 목적으로 공급된 이 사건 임대주택의 수분양자인 원고들이 가진 '시장가격보다 저렴한 가격으로 분양전환을 받을 권리'를 침해하는 것이다.

84) 제646조(임차인의 부속물매수청구권) ① 건물 기타 공작물의 임차인이 그 사용의 편익을 위하여 임대인의 동의를 얻어 이에 부속한 물건이 있는 때에는 임대차의 종료시에 임대인에 대하여 그 부속물의 매수를 청구할 수 있다.
② 임대인으로부터 매수한 부속물에 대하여도 전항과 같다.

85) 제626조(임차인의 상환청구권) ②임차인이 유익비를 지출한 경우에는 임대인은 임대차종료시에 그 가액의 증가가 현존한 때에 한하여 임차인의 지출한 금액이나 그 증가액을 상환하여야 한다. 이 경우에 법원은 임대인의 청구에 의하여 상당한 상환기간을 허여할 수 있다.

86) 제652조(강행규정) 제627조, 제628조, 제631조, 제635조, 제638조, 제640조, 제641조, 제643조 내지 제647조의 규정에 위반하는 약정으로 임차인이나 전차인에게 불리한 것은 그 효력이 없다.

87) 이순배, "공공주택 특별법 일부개정법률안에 관한 연구 – 주거안정과 시세차익의 분배에 관한 논쟁의 관점에서", 토지공법연구 제75집 2016년 8월, 15면 이하 참조

88) 임대주택의표준임대보증금및표준임대료[시행 2004. 4. 2.] [건설교통

부고시 제2004-70호, 2004. 4. 2., 폐지제정.]
2. 표준임대보증금
표준임대보증금은 건설교통부장관이 정하는 공급조건에 의하여 산출한 주택분양가(이하 "건설원가"라 한다)에서 국민주택기금융자금(이하 "기금"이라 한다)을 공제한 금액의 100분의 50에 해당하는 금액으로 한다.
4. 임대보증금과 임대료의 상호전환
가. 임대보증금과 임대료는 임대차계약시 임차인의 동의가 있는 경우에는 상호전환이 가능하며, 이 경우 전환액에 대한 금리는 전환당시 정기예금이율을 적용한다.
나. 임대보증금을 상호전환할 경우 최초의 임대보증금(전환보증금 포함)은 건설원가에서 기금을 차감한 금액을 초과할수 없다.

89) "임대주택토지 및 완성임대주택을 임대주택채권의 과목으로 재분류"하는 것은 기업회계기준 해석 56-90에 따른 것으로 보인다.
90) 또한 당사 언론보도에 의하면 A건설사가 공급한 임대주택의 분양전환 가격은 인근의 한국토지주택공사(당시 한국주택공사)가 공급한 임대주택에 비해 약 2억 원(발코니 비용을 제하면 1억 8천만 원 정도) 이상 비싼 것으로 나타났다고 한다. 또한 임차인들의 주장에 따르면 임차인들은 A건설사의 요구에 따라 평형별로 일정하게 정해진 발코니 확장형 공사 계약 및 플러스 옵션품목 계약 대금을 함께 지불했는데 그 금액이 합계 약 34억 7,600만 원이었다고 한다.
91) 헨리 조지 지음, A. W. 매드슨 편집, 김윤상 옮김, "간추린 진보와 빈곤", 경북대학교 출판부, 105면
92) 판교 개발 부지는 모두 공공택지였으므로 그 개발이익이 건설사에게 귀속되어야 한다고 볼 근거도 없다. 정부도 물론 과도한 이익을 남겨서 아니 된다. 실제로 2005년경 한나라당 김양수 의원은 '공공택지 1백 11만 5천평을 팔았을 때 총 11조7천12억원의 수입을 얻게 되는데 여기에 그 조성원가 7조9천6백88억원을 뺀 3조7천3백44억원이 정부의 개발이익이다'라고 주장하며 과도한 개발이익을 추구하는 정부를 비난했다

(2005. 6. 8.자 프레시안 보도 참조).

93) 통계청이 2020. 6. 29. 배포한 보도자료('최근 20년간 수도권 인구이동과 향후 인구전망')에 따르면 2017년 기준 장래인구특별추계 결과 2020년 수도권 인구(2,596만 명)는 비수도권 인구(2,582만 명)를 처음으로 추월(+14만 명)했다고 한다. 또한 수도권 인구는 1970년 913만 명에서 2020년 2,596만 명으로 지난 50년간 184.4%(1,683만 명) 증가하였고, 2032년(2,650만 명)을 정점으로 감소하여 2070년에는 1,983만 명에 이를 전망이라고 했다. 이에 비해 비수도권 인구는 1970년 2,312만 명에서 2018년(2,593만 명)을 정점으로 감소하였고, 2020년에는 2,582만 명으로 지난 50년간 11.7%(271만 명) 증가하여 2070년에는 1,799만 명에 이를 전망이라고 했다.

94) 헌법재판소는 "현재의 서울 지역이 수도인 것은 그 명칭상으로도 자명한 것으로서, 대한민국의 성립 이전부터 국민들이 이미 역사적, 전통적 사실로 의식적 혹은 무의식적으로 인식하고 있었으며, 대한민국의 건국에 즈음하여서도 국가의 기본구성에 관한 당연한 전제사실 내지 자명한 사실로서 아무런 의문도 제기될 수 없는 것이었다. 따라서 제헌헌법 등 우리 헌법제정의 시초부터 '서울에 수도(서울)를 둔다.'는 등의 동어반복적인 당연한 사실을 확인하는 헌법조항을 설치하는 것은 무의미하고 불필요한 것이었다. 서울이 바로 수도인 것은 국가생활의 오랜 전통과 관습에서 확고하게 형성된 자명한 사실 또는 전제된 사실로서 모든 국민이 우리나라의 국가구성에 관한 강제력 있는 법규범으로 인식하고 있는 것이다."라고 결정했으나(헌법재판소 2004. 10. 21. 2004헌마554 전원재판부 결정). 정작 헌법재판소가 스스로 제시한 관습헌법의 마지막 요건인 "이러한 관행이 헌법관습으로서 국민들의 승인 내지 확신 또는 폭넓은 컨센서스를 얻어 국민이 강제력을 가진다고 믿고 있어야 한다(국민적 합의)"라는 부분을 스스로 논증하는 데에는 실패했다고 생각한다. "서울이 바로 수도인 것은 국가생활의 오랜 전통과 관습에서 확고하게 형성된 자명한 사실 또는 전제된 사실"은 맞지만, 그와 같은 사실이 모든 국민에게 "우리나라의 국가구성에 관한 강제력 있는 법

규범"으로 인식되어 온 것이라 평가할 수는 없다. 필자를 포함한 많은 주변 지인들은 '대한민국의 수도는 서울이다'라는 내용의 관습헌법이 있다고 생각한 적이 없고, 헌법재판소 결정 이후에도 그 생각에는 변함이 없다. 필자는 수도권에 기반을 둔 세력이 정치적으로 승리를 거두어 헌법재판소를 설득한 것이라고 본다.

95) ■ 분양전환시기: 최초 입주지정기간 종료일이 속하는 월의 다음달 1일부터 10년 이후
■ 분양전환가격: 분양하기로 결정한 날을 기준으로 2인의 감정평가업자가 평가한 당해 주택의 감정평가금액의 산술평균금액으로 산정하되, 감정평가업자 선정은 임대주택법 시행규칙 별표 1의 공공건설임대주택 분양전환가격 산정기준 2. 나목을 적용함.

96) 5. 계약일반조건
제12조 (공공임대주택의 분양전환) 임대인은 위 주택이 임대주택법 제12조 제1항 제3호의 임대주택에 해당하는 경우 다음 각 호의 조건에 따라 분양전환한다.
1. 위 주택의 분양전환시기는 최초 입주지정기간 종료 후 10년으로 한다.
2. 위 임대주택의 분양전환가격 산정기준은 분양전환당시의 감정평가금액으로 한다.

97) 건설사의 자금조달 편의를 고려하여 세계에서 유일하게 선분양제도를 허용하는 대신 정부가 분양가의 상한을 규제했다.

98) IMF 외환위기 후 경기활성화를 목적으로 원가연동제를 폐지했다. 그 결과 주택가격이 폭등했다. 예컨대 2002년경 약 3억 원이던 강남 은마아파트는 2007년 약 10억 원이 되었다. 2003. 11. 7. 발의된 주택법 개정안에 첨부된 검토보고서는 이러한 상황을 아래와 같이 기재하고 있다.
"공동주택 분양가는 지난 '98년 분양가 원가연동제 폐지이후 분양가 자율화 실시를 기화로 대폭 상승하여, '97년과 '03년의 서울시의 공동주택 평균분양가를 비교하여 보면 분양가 자율화이전인 '97년의 464만원

에 비해 '03년에는 1,331만원으로 약 187% 상승하였으나 그동안의 서울시의 평균 지가(地價) 상승률이 연평균 3.5%, 건축비 상한가격 상승률이 2.5%~4.0%임을 비교해 보면 그동안의 분양가는 지나치게 높다고 할 수 있겠음."

99) 1. 주택법 개정법률안(공공택지에서 공급되는 공공·민영 아파트에 대해서는 분양가 상한제를 계속 적용하되, 민간택지에 건설되는 민영아파트에 대해서는 분양가 상한제를 탄력적으로 적용함)
2. 재건축초과이익 환수에 관한 법률 개정법률안(2014년말 종료되는 재건축 초과이익 환수제 유예기간을 2017년까지 3년간 더 연장함)
3. 도시 및 주거환경정비법 개정법률안(서울 등 수도권 과밀억제권역에서 재건축 사업을 할 때 보유 주택 수에 관계없이 재건축 주택을 1가구만 분양받도록 제한했던 것을 3가구까지 분양받을 수 있도록 허용함)

100) 예컨대 송파가락시영아파트 시가총액은 2014년 약 4조 원이었으나 2015년말에는 약 6조 8천억 원이 되었고 2018년말에는 13조 2천억 원으로 4년 만에 3배 이상 상승했다. 강남 3구의 다른 재건축아파트 가격 또한 위와 유사한 추세로 상승했다.

101) 분양가 상한제가 시행중이던 이명박 정부 당시 서울 아파트 가격 중위값 상승률은 평균 －3%였다. 그러나 박근혜 정부 때 분양가 상한제가 일부 폐지되자 2015년부터 그 상승률은 급등하여 평균 29%에 이르렀다.

102) 행정절차법 제41조(행정상 입법예고) ① 법령등을 제정·개정 또는 폐지(이하 "입법"이라 한다)하려는 경우에는 해당 입법안을 마련한 행정청은 이를 예고하여야 한다. 다만, 다음 각 호의 어느 하나에 해당하는 경우에는 예고를 하지 아니할 수 있다. (이하 생략)

103) 제44조(의견제출 및 처리) ① 누구든지 예고된 입법안에 대하여 의견을 제출할 수 있다.
③ 행정청은 해당 입법안에 대한 의견이 제출된 경우 특별한 사유가 없으면 이를 존중하여 처리하여야 한다.

104) 국회법 제98조의2(대통령령 등의 제출 등) ① 중앙행정기관의 장은 법

률에서 위임한 사항이나 법률을 집행하기 위하여 필요한 사항을 규정한 대통령령·총리령·부령·훈령·예규·고시 등이 제정·개정 또는 폐지되었을 때에는 10일 이내에 이를 국회 소관 상임위원회에 제출하여야 한다. 다만, 대통령령의 경우에는 입법예고를 할 때(입법예고를 생략하는 경우에는 법제처장에게 심사를 요청할 때를 말한다)에도 그 입법예고안을 10일 이내에 제출하여야 한다.

105) 청원법 제4조(청원사항) 청원은 다음 각 호의 어느 하나에 해당하는 경우에 한하여 할 수 있다.

　　3. 법률·명령·조례·규칙 등의 제정·개정 또는 폐지

106) 원심판결(서울고등법원 2010. 4. 8. 선고 2009나64965 판결)을 보면 원고는 아래와 같이 주장한 것으로 보인다.

"이 사건 조항으로 인하여 무주택서민을 위하여 설립된 정부투자기관인 피고는 분양가 상한제를 적용받지 않은 채 분양전환을 통하여 수조 원에 달하는 시세차익을 보장받게 되는 반면, 원고들로서는 청약통장을 이용한 청약자격을 상실할 뿐만 아니라 5년 공공임대 주택의 경우보다 높으면서 현재로서는 도저히 예측할 수 없는 시세에 가까운 가격으로 분양전환을 받지 않을 수밖에 없어 중산층으로 편입은커녕 서민, 빈곤층으로 전락할 처지에 놓이게 되었으니, 이 사건 조항은 원고들에게 부당하게 불리한 조항으로서 신의성실의 원칙에 반하여 공정을 잃은 약관이므로, 구 약관법 제6조 제1항에 의하여 무효이며, 구 임대주택법 시행규칙(2006. 8. 7. 건설교통부령 제530호로 개정되기 전의 것, 이하 '시행규칙'이라 한다) [별표 1] 공공건설임대주택 분양가격의 산정기준(제3조의3 관련) 제1호 (가)목이 10년 임대주택의 분양전환가격은 감정평가금액을 초과할 수 없다고 비로소 규정하였는바, 이는 위임입법의 한계를 벗어난 것으로서 무효일 뿐만 아니라, 강행규정으로서 분양가 상한을 규정한 구 주택법(2006. 5. 24. 법률 제7959호로 개정되기 전의 것, 이하 '구 주택법'이라 한다) 제38조의2 제1항에 반하는 것으로서 무효이므로, 이 사건 조항 역시 무효라고 주장한다."

107) "구 주택법(2006. 5. 24. 법률 제7959호로 개정되기 전의 것, 이하 같다) 제6조 제1항은 "임대주택의 건설·공급 및 관리에 관하여 임대주택법으로 정하지 아니한 사항에 대하여는 이 법을 적용한다."고 규정하고, 구 임대주택법 제3조는 "임대주택의 건설·공급 및 관리에 관하여 이 법에서 정하지 아니한 사항에 대하여는 주택법 및 주택임대차보호법을 적용한다."고 규정하고 있으며, 앞서 본 바와 같이 구 임대주택법 제15조 제3항, 구 임대주택법 시행령 제13조 제3항, 구 임대주택법 시행규칙 제3조의3 등은 이 사건 아파트와 같은 공공임대주택의 분양전환가격에 관하여 상세히 규정하고 있다. 이러한 법령의 내용에 비추어 보면, 이 사건 아파트에 대해서는 구 주택법 제38조의2 제1항에서 정한 분양가 상한제가 적용되지 않는다고 할 것이다."
108) "재판의 심리와 판결은 공개한다. 다만, 심리는 국가의 안전보장 또는 안녕질서를 방해하거나 선량한 풍속을 해할 염려가 있을 때에는 법원의 결정으로 공개하지 아니할 수 있다."
109) "누구든지 권리구제·학술연구 또는 공익적 목적으로 대법원규칙으로 정하는 바에 따라 법원사무관등에게 재판이 확정된 소송기록의 열람을 신청할 수 있다. 다만, 공개를 금지한 변론에 관련된 소송기록에 대하여는 그러하지 아니하다."
110) 제163조의2(판결서의 열람·복사) ① 제162조에도 불구하고 누구든지 판결이 선고된 사건의 판결서(확정되지 아니한 사건에 대한 판결서를 포함하며, 「소액사건심판법」이 적용되는 사건의 판결서와 「상고심절차에 관한 특례법」 제4조 및 이 법 제429조 본문에 따른 판결서는 제외한다. 이하 이 조에서 같다)를 인터넷, 그 밖의 전산정보처리시스템을 통한 전자적 방법 등으로 열람 및 복사할 수 있다. 다만, 변론의 공개를 금지한 사건의 판결서로서 대법원규칙으로 정하는 경우에는 열람 및 복사를 전부 또는 일부 제한할 수 있다. 〈개정 2020. 12. 8.〉
② 제1항에 따라 열람 및 복사의 대상이 되는 판결서는 대법원규칙으로 정하는 바에 따라 판결서에 기재된 문자열 또는 숫자열이 검색어로 기능할 수 있도록 제공되어야 한다. 〈신설 2020. 12. 8.〉

111) 2019. 9. 23.자 법률신문 기사("민사 1심사건 처리율 하락...상소율은 여전히 높아"에 따르면 민사 1심 본안사건 항소율은 합의사건이 40%, 단독사건(소액사건 포함)은 7.4%를 기록했다. 민사 본안사건의 상고율도 높았다. 고법 판결사건은 34%, 지방법원 판결사건 중 1심 단독사건(소액사건 포함)은 28.5%가 상고되었다. 하지만 대법원 상고심에서 판결이 뒤집히는 경우는 드물었다. 고법 판결에 불복해 상고된 사건의 파기율은 5~6%(2018년은 11.2%였는데 정모씨가 수천 건의 소송을 내어 전체 통계를 왜곡하여 생긴 결과이다)고, 1심 단독사건으로 지법에서 상고된 사건의 파기율은 3.8%에 불과했다.

112) 2020. 10. 12.자 법률신문 기사("'심리불속행 기각' 개선이 시급하다")에 따르면 심리불속행 기각률은 2015년 62.2%, 2016년 71.3%, 2017년 77.4%, 2018년 76.7%를 기록하여 지속적으로 70%대를 유지하고 있다.

113) 생각해 볼 수 있는 이유로는 첫째는 심리가 부실한 경우이다. 쌍방이 제출한 주장과 반박을 통해 핵심 쟁점과 증거관계가 명확하게 정리되지 못한 경우이다. 둘째는 심리 과정에 너무 많은 주장 및 증거가 제출되거나 너무 다양하고 복잡한 법리가 제기되는 경우이다. 이 경우 변론종결시점에 방대한 쟁점과 증거관계가 간명하게 정리되기 어려울 수 있다. 셋째는 법관과 당사자 쌍방 사이에 쟁점 및 증거관계에 대한 이해가 암묵적으로 불일치하는 경우이다. 쟁점을 누락하거나, 중요성을 간과하거나, 적극적으로 석명 명령 또는 그 요청을 하지 않는 경우, 예측하지 않은 판결이 선고될 수 있다. 물론 다른 이유들도 있을 것이다.

114) 유력한 논문(김두얼, "대한민국 법원은 공정한가?: 민사소송 항소율의 분석", 경제학연구 제59집 제2호, 2011. 101면 이하 참조)은 우리나라의 항소율이 미국(캘리포니아주, 일리노이주) 항소율보다 두 배에서 세 배 정도 높다고 한다. 일본의 항소율과는 비슷한데 일본의 항소사건 수는 우리나라의 절반에 불과하다고 한다. 또한 지난 30년간 동안 사법부 정책에 따라 소송의 급격한 증가에도 불구하고 판사인력을

이에 맞추어 증가시키지 못한 결과 판사당 사건부담은 꾸준히 증가해서 항소율을 높이는 방향으로 작용해 온 데 비해, 소송비용 관련 정책은 항소율을 낮추는 방향으로 작용해 왔다고 한다. 관련 내용을 인용하면 아래와 같다.

"캘리포니아와 일리노이 주 항소율과 우리나라의 항소율을 직접 비교하는 것은 법령의 차이나 자료의 한계 등으로 인해 매우 어렵다. 그러나 이러한 점들을 감안하더라도 우리나라 법원의 단독 이상 민사소송 항소율이 유사한 사건들에 대한 이들 두 주의 항소율보다 두 배에서 세 배 이상 높다는 추론은 기각하기 어렵다. 미국과의 비교는 우리나라 민사1심 사건의 항소율이 현재보다 낮아질 여지는 충분하다는 사실을 확인해 준다고 볼 수 있다." "첫째, 항소사건수가 일본은 15,587건으로, 우리나라 항소사건의 절반에 불과하다. 둘째, 하지만 일본의 항소율은 9.8%로, 우리나라 단독 이상 사건 항소율 9.4%와 대동소이하다." "지난 30년간 동안 사법부가 추진해온 정책을 살펴보면, 소송의 급격한 증가에도 불구하고 판사인력을 이에 맞추어 증가시키지 못한 결과, 판사당 사건부담은 꾸준히 증가해서 항소율을 높이는 방향으로 작용해 온 데 비해, 소송비용 관련 정책은 비용부담을 충분히 경감시키지 않음으로써 항소를 포기하게 하는, 그럼으로써 항소율을 낮추는 방향으로 작용해 왔다. 하지만 바람직하게는 두 변수에 대한 정부 정책은 반대 방향으로 이루어지는 것이 타당하다. 즉 분쟁의 원활한 해결을 촉진한다는 측면에서는 소송비용을 낮추거나 상대적으로 저렴한 분쟁해결방안이 제공될 수 있는 환경을 마련하는 것이 중요하며, 판결의 정확성을 높이는 것이 궁극적인 목표라는 점에서 본다면 판사당 사건수는 낮추는 방향으로 이루어질 필요가 있기 때문이다."

115) 제23조 ① 모든 국민의 재산권은 보장된다. 그 내용과 한계는 법률로 정한다.
　② 재산권의 행사는 공공복리에 적합하도록 하여야 한다.
　③ 공공필요에 의한 재산권의 수용·사용 또는 제한 및 그에 대한 보

상은 법률로써 하되, 정당한 보상을 지급하여야 한다.
116) 제120조 ①광물 기타 중요한 지하자원·수산자원·수력과 경제상 이용할 수 있는 자연력은 법률이 정하는 바에 의하여 일정한 기간 그 채취·개발 또는 이용을 특허할 수 있다.

② 국토와 자원은 국가의 보호를 받으며, 국가는 그 균형있는 개발과 이용을 위하여 필요한 계획을 수립한다.
117) 인지부조화이론을 비롯해 많은 심리이론과 철학이 이를 뒷받침한다.